JN058200

—— 目 次 ——

〔表紙写真の説明〕
731部隊本部正面玄関前で撮影された部隊幹部の集合写真。撮影日時は不明。
1939年（昭和14年）頃に、皇族の三笠宮参謀が視察に来たときの写真ではないかと
考えられている。なお、部隊長の石井四郎は一時的に転属しており写っていない。

シリーズ『真相 731部隊』の発行にあたって

　日中戦争（1937〜1945年）における日本の犯罪に、細菌兵器を開発・製造し、中国各地で細菌戦を実行した「731部隊」の残虐行為があります。中国黒竜江省ハルビン市郊外の平房に広大な基地を置き、人体実験を行って中国人、ロシア人など捕虜数千人を殺害し、浙江省の衢州・寧波・江山や湖南省の常徳市などでペストやコレラなどの疫病を流行させ数万人の中国人を殺傷しました。

　人体実験や細菌戦は国際法に違反する重大な戦争犯罪です。1995年と97年には中国人被害者や遺族が日本国を相手に裁判を起こし、判決で加害の事実が認定されました。

　しかし現在に至るも、日本政府はその事実を認めておらず、調査すら行おうとしません。

　「NPO法人731部隊・細菌戦資料センター」は、その加害と被害の事実を調査記録し、立法府・行政府に働きかける活動を行ってきました。その一環として、元731部隊員や憲兵隊員等の取材インタビュー、戦友会での証言、映像記録などを一人ずつ上映し、証言に関連する記録文書と照合して、検討・解説する勉強会を続けています。

　ブックレットは、この「映像証言に探る731部隊」の成果をまとめて紹介するものであり、本書はその第2号です。

2024年6月30日

〔おことわり〕────────────

　細菌戦の実験材料とされた人間のことを、731部隊は「マルタ」と呼び「1本」「2本」と数えました。人としての尊厳を奪う符牒・蔑称ですが、本書は関係者の証言記録であることから、取材班の言葉を含めてそのまま使用・表記しています。

元731部隊員

越定男さんの証言①

（1992 年 4 月 25 日取材）

石井四郎専用車と「マルタ」護送トラックの運転手

解説：近藤昭二

（ビデオ上映前の解説）

　今日は 1992 年に取材した 731 部隊の運輸班の車の運転手だった越（こし）定男さんの映像を見て頂きます。

　ロシア風の寺院の建物の前に小さく車が写っている写真ですが、ハルビンの中央寺院の前で石井隊長の専用車とともに撮影された越定男さんの写真です。越さんはマルタの護送車の運転手もしていました。

　この写真をアップにしたものが次頁上の写真です。この車はお話にも出てきますが、ナンバープレートが 10 枚ぐらい入るようになっていて、身元を隠すために毎日ナンバープレートを引き換えとっ

ロシア風寺院の前で石井四郎の専用車と越さん

5

かえ、入れ替えていたそうです。

　その下の銃を抱えた写真が、越さん28歳の写真です。

　さらに下の写真は、3階建てのハルビンにあった731部隊の白樺寮という連絡所を兼ねた施設で、入隊した隊員は内地から満州へ渡ってここへ集合しました。
　ここに何日か寝泊りしてそれから教育を受けて平房の本部へ行くわけですが、その白樺寮と言われた建物は半地下になっていまして、外から見てもわかるように、下の写真が地下の部屋なんですが捕虜にしたマルタを731部隊に送るまでの間一時的に、この地下でも留置しました。

（上）石井四郎の専用車
（右）銃を抱える越定男さん
（下）白樺寮の建物と寮の地下

（上）平房本部近くの満人の村を焼き討ちする731部隊員
（下）防寒服を身にまとい軍刀を手に立つ越さん

上の写真は731部隊員が平房本部近くの満人の村を焼き討ちした時のもので、もう一枚は焼き討ちに参加した越さんが軍刀を抜いて立っている写真です。

この村の満人が越さんと同じ運輸班の労務者として731に雇われていました。この労務者はペストにかかったため村へ帰りましたが、村全員がペストにかかりました。731部隊はそれを調査した後、隊員たちみんなで村を焼きました。写真班が撮った写真を越さんが持ってました。

次頁の手書きの略図は隊員の石橋直方によるもの。カタカナのロの字に建物が似ているので、いわゆるロ号棟と言われた731部隊の中枢の施設です。（中国の関係者は四方楼と呼ぶ）

この建物は研究棟とも言われ、第1部研究

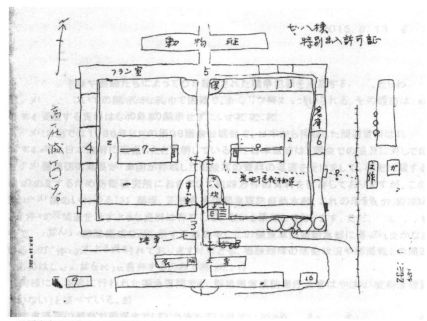

石橋直方氏手書きの特設監獄の略図

班、第4部の細菌製造班が使っていました。3階建ての建物ですが、実際には4階建てぐらいの高さがあります。ロ号棟の1階の部分は逃走除けのため2階から上にしか窓はありません。

　このロの字の内側には、東西に中庭が二つあるんですが、第7棟、第8棟と呼ばれていた2階建ての監獄があります。マルタと呼んでいた実験材料、被験者たちを収容していた監獄がこの7棟、8棟です。

　越さんのお話に出てきますが、この東側に有名な3本煙突のボイラー室があり、そこに面している方に地下道の入口があります。

　次頁の手書きの略図は、部隊の建設班員がこの特設監獄を作った時に手書きで書いた図面です。

　その地下道からマルタを運び入れるんですけれども、北側の動物班の方までぐるっと回ってマルタを降ろしたという話が中に出てきます。

　731部隊の隊長の専用自動車の運転、それから隊員の子女の通学バスがあったんですが、それの運転も越さん。それから、宿舎からこの研究施設ま

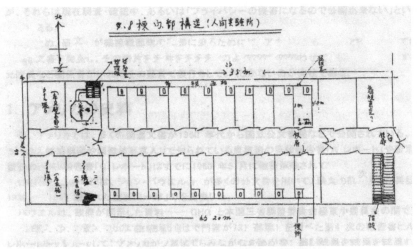

特設監獄内部の略図（731部隊の設置に参加した荻原英夫氏による手書き）

で行く車の運転とか、運輸班は第３部に所属していたんですが、平房の郵便局とハルビンの郵便局の郵便物を輸送する仕事なんかもやっていました。

　重要な仕事としては、憲兵と一緒にマルタをハルビンの駅へ受領に行く仕事。マルタを受取るのはハルビンの駅で、地方から来る憲兵隊からマルタを受取り、それを平房に運ぶわけです。それから、特務機関から受け取ったマルタを平房の本部に運ぶ。それから鉄道警護隊ですね。鉄道警護隊が列車内で逮捕した捕虜をマルタとして平房へ送るのを運ぶ護送車の運転。

　それから、「分室」という呼び方をしていたんですが、満州国の警察の分室、それは実は地方工作をやっていた部署なんですが、そこで捕らえた捕虜を731 に送る時に輸送する護送車、特別車と言っているんですけれども、アメリカのダッチですね。ダッチの4.5t のトラックです。4.5t のトラックの荷台のところが、今のクール冷房車、あれと同じように、窓がなくて、四方が鉄板でですね、床だけは、畳が敷いてあって、床暖房になっててですね。窓はないですが外に国防色のシートを被せたようにして、ビニールで偽物の窓を作って、それを貼り付けてごまかしていたっていうような、そういう特別車を運転をしていたのがこの越さんです。

　それでは、ビデオをご覧ください。

〔　〕は編者注

毒ガスの人体実験も行っていた 731 部隊

越　：細菌の試験だとか、ガスの試験だとかいうようなことをして、17
　　　項目ぐらいの実験をしとったんです。それで実際には普通ですと自分
　　　のやっている仕事以外のことは口外できないし、また何もできないけ
　　　れども、私の場合は石井中将の車の運転もやっておりましたし、車と
　　　いうのは自家用もやりましたし、細菌製造も入ったばかしにやりまし
　　　たし、3 部におったときには、濾水機ですね、関東軍防疫給水部の汚
　　　水を水にして飲む、濾水機ですね、その教育もしましたし、それから
　　　あらゆることについてやってきたわけです。

問い：表向きはこの部隊は何をする部隊だったのですか？

越　：表向きは、部隊に 1 部、2 部、3 部、4 部、総務部という具合に
　　　いく部もありましたけれども、表向きの看板は関東軍満州第 731 部
　　　隊防疫給水部ですね。防疫給水部という表看板ですね。

問い：そこでは、何をするんですか？

越　：そこでは、兵隊の水の補給ですね。向こうの水はほとんど飲めな
　　　いので、鉄分があったり、汚染されていて、生水は飲めないですね。
　　　ハルビンあたりは水をお湯にしましてね。日本の国は非常に水に恵ま
　　　れていてどこへ行っても水を飲むけれども、向こうの水は飲めないも
　　　ので、それで兵隊に補給するには濾水管を通してこしたのを飲んでい
　　　るわけです。

問い：防疫給水、それももちろん実際行われていたんですよね。その他
　　　に越さんが見たもので 731 部隊が実際やっていたこと、心に残って
　　　いることをお話いただけますか？

越　：一番心に残っていることは、ガスの試験ですね。ガスにはイペリッ
　　　トだとか、ルイサイト、ホスゲンね、びらん性、一次性、青酸ガス、
　　　あらゆるガスの種類がありますけれども、チャンバーというガラス張
　　　りの中へ人間を入れて、研究する場所があったんです。そこへ、マル
　　　タを載せていきましてね、大体 10 本、10 人ぐらいずつ、1 回に 3 回、

年数は４〜５年やりましたね。（ガスの試験は、それで幹部は100部隊という部隊がありましたけれども、）ガスの製造は瀬戸内海の大久野島でやっていまして、試験する材料がないので、それでうちのマルタを使ったわけです。倒れていく状況だとか、いろいろな状況を目の前で見ましてね。それを撮影機で撮ったりね、いかに少量のガスでもって、大量殺人できるかという試験ですね、ガスの試験の場合は。

問い：その試験に使われた人たちを、マルタという風に呼んだのですか？

越　：試験に使ったという人を、マルタということでね。

マルタの中にはドイツ人もいた？

問い：マルタの方はどういった方が多いのですか？

越　：ロシア人だとか、中国人、それから朝鮮の方だとか、モンゴル人だとか、あるいはドイツ人だとか。ハルビンに滞在する人は、大体26カ国の人種がハルビンには住んでいましてね。それで大体われわれが見ても、ロシア人だとかアメリカ人だとか、白系の場合は、ちょっとわからないんですよね。

そういう人種の試験ですね。

問い：26の人種？

越　：そう、ハルビンには住んでましたね。

問い：その中で主に何人が多かったのですか？

越　：中国人が一番多かったですね。その次はロシア人ですね。ロシア人なんかは背は高いしね、体も大きいからすぐわかりますけど、中国というと我々と同じようだからね。

問い：それは兵隊さんですか？　どういった方が連れてこられるのでしょう？

越　：私も通訳を通じていろいろマルタと話したことはありますけど、中には「私は非常に本を書くのが好きだったけど、特務機関から呼び出しを食って、出頭したら、731部隊に送られちゃった」と言ってたひともあった。自分ではえらく罪の意識もないしね、そういうような方が多かったですね。

問い：スパイの方も多かったんですか？

越　：スパイもおりましたね。八路軍関係もおりましたし、だからあらゆる環境の下にそういう人も入っていますね。スパイなんかも多かっ

たですね。

問い：年齢層は？

越　：年齢層は大体20〜35歳ぐらいまでの方が多かったですね。

問い：若いですね。

越　：試験に使うには、健康を保持していないと実験には使えないので、食べ物なんかは非常によかったですね。それで丸々と太っていましたよ。

問い：それで食事を与えて、実験に使う？

越　：そういうことですね。

マルタの焼却で常に黒い煙

問い：その1人のマルタは1回の実験に使われて死んで処理されてしまうのですか？

越　：1度試験に使われて、あといろいろな研究をしていると10日ぐらいかかるんですよ。それで1日に3名〜4名ぐらいですね。それで一番わかるのは、マルタを焼却する所があるんですよ。いつでも黒い煙がパァーと上がってましてね。風向きの悪い時にはいろいろ臭う

遺体の焼却場（左が正面、右が裏側）

のね。大きな煙突がありましてね。

安達実験場での残酷な実験

問い：越さんは実際にそういうのを見ていてその時はどんな気持ちで見ていたのですか？

越：その時の気持ちというのはね、今の気持ちとは全然違うね。すべてが天皇陛下のためであるというようなことでね、考えておったから。だから別に罪悪感もなければ、かわいそうだとは思うんですよ。あの一度なんかは、私が安達（アンダー）の演習に兵隊を載せて自動車で向かったことがあるんですよ。

安達って言うのは本部の演習場で、キロ数で270kmぐらいありますかね、今、私、長野ですが、長野から横浜ぐらいの距離があるわけですよ。その演習場で冬なんかはほとんど自動車輸送ですね。特別車といって、鉄板張りで、うまく偽装した中に、排気暖房も通っていまして、それで、安達の演習場まで行きました。急を要する場合には、飛行機で運び、その時は頭の上から頭巾をかぶせて目が見えないようにして安達まで運びました。ものの30分もしないうちに着いちゃうからね。

一度こういう実験をしたことがありました。「ハ弾」という、ペスト菌を陶器の弾の中に入れといて、大きさはこの位で下から1mあるかないかですね。その中へ肉エキスといってね。

問い：何ですか？

越：肉エキスといって細菌を殺さないように中に寒天だとか入れて細菌を生かしておくわけです。高射砲の弾みたいに小さくポーンと飛ぶ弾でね、人間をずーっと40人ぐらいを結わえておきましてね、肝心な所は当たると死んじゃうから鉄板で覆って、死なないようにね。真ん中でドカーンとやるんだけど、鉄の弾だと火薬の熱で死んじゃうんですよ、菌だとかいろんなものが。そんなもんで真ん中へ25kgぐらいの爆弾を二つぐらい置いて、ドカーンとやるわけです。

問い：周りに、結わえてある人を並べて、真ん中に爆弾を置くんですね？

越：それで風上にいて、飛行場ですから吹流しがついていて、風下であれば、こっちがやられますから、吹流しで風の方向を見ていて、キロにして4キロぐらいですね、離れているんです。そしてそれを双

眼鏡で見ていまして、電気着火でもってドカーンとやる。そしてやった後は、20分ぐらいしてから、消毒班がいきまして、消毒して、マルタに菌のついた弾が当たってそれでどういう症状になるか、試験するわけですね。そんなような試験はほとんど安達でやっていましたね。それから、古い戦車なんかありましてね、戦車の中にマルタを入れておいて、ガスを入れて試験したり。

問い：戦車の中にマルタを入れて、その中へガスを入れる。

越　：そんな試験だとか、航空医学の研究もやっておりましたね。地上で殺傷するのと、高度1万も上がってくると、傷の殺傷が全然違うんですよ。飛行機で高度1万の所で弾が当たって傷するのと、地上で傷するのとでは違うんですよ。そんなような試験は、地上に大きなタンクを置いて、B29なんかは、燃料タンクに弾が当たっても燃料が漏れないんですよ。生ゴムじゃ溶けちゃうんだけど、合成ゴムのようなものが、弾の当たったところに流れ出て、タンクから漏らないんですよ。そういうのと同じで、中にマルタを置いといて、肝心な所に当たると死んじゃうから、体のすみに当たるようにして、機関砲で中に入れたマルタを撃つわけですね。そして、航空医学の研究に使ったり、あらゆることをやっていました。

マルタの処遇

問い：マルタになった人が逃げ出すことはなかったのですか？

越　：おそらく、足かせもついているし、警戒も厳重だし、中に入れば逃げられるということはないですね。一度暴動が起きましたけどね。それもものの2時間足らずで鎮圧したこともあるしね。

問い：鎮圧というと？

越　：捕まえたあと鎮まった。それでマルタの入っている所はロ号棟といって、3階ぐらいありますからね、全然そこから逃げられっこないし、扉も厚いのが2重にも3重にもなっててね。それであの当時、マルタを収容する場所を、12班とも言ったんですよ、あるいは特別班とも言ったんですよ。その看守というのは、ほとんど石井部隊長の故郷の千葉県の山武郡の自分の近くの人が多かったです。それで、石井中将の兄もおりましたけど、みな嘱託でおりましたね。嘱託でも、佐官階級だとか、そのような階級でおりましたし、あの中に入ればお

そらく出られないしね。

　こんなようなこともありましたよ。ノミの試験なんかをね。ノミなんかを培養をして作っている所に堀がありましてね。1間ぐらいの堀がずっとありまして、そこは消毒液の堀ですよね。その内側でノミなんかをいろんな試験に使おうと飼っておりましたけど、そこから逃げれば、消毒液ですからね。外には飛ばないようにとそんな試験をしていました。

問い：実際にそれを行っている日本兵の様子はどうなんですか？

越　：731部隊には、兵隊さんは1人もいないんです。おそらく日本中の科学者を全部集めた、全部陸軍文官、軍属ですね。軍属がやっておったんです。軍属の中には、将官階級、佐官階級、尉官階級もありましてね。普通、軍属というと昔から軍馬・軍犬・鳩・軍属などと言われて軍属が下っ端のように思われているけど、731部隊は全部軍属ですね。日本中の科学者を全部集めた部隊ですね。高等官宿舎、判任官宿舎という具合にして、棟が3階建ての棟で、10何棟ありましたね。私もその中にいたんですね。一時はハルビンの玄関口であるハクトウヒョウだとかね、そんなとこにおったんですよ。本部付きになってから向こうに、行きました。

問い：マルタと呼ばれた人たちはどのような扱いを受けたのでしょうか？

越　：731部隊に入ると、まず、足に足錠をかけられるんですね。普通の手錠であれば、鍵でもって開けられるんですが、足かせというやつはリベットの金を鎖でもってつぶしちゃうんですね。731部隊に入っている間はもうそれを取れないんですね。

　手の方は手錠ですから、鍵で取れるけど、足かせの方は取れないですね。

問い：死ぬまで取れないのですか？

越　：死ぬまで取れない。それで絶えず100人ぐらいはおりましたね。

問い：何ですか？

越　：マルタが。俗に言う100本。

道に迷ったロシア人をマルタに

問い：100本は1か所に集められていたんですか？

越　：1か所というか、ロ号棟の監獄の中におるんですね。それでマル
　　　タの来る所はね。日本大使館、領事館ね。憲兵隊本部、それから特務
　　　機関、鉄道警護隊。それから汽車で送られてくるのがあるんですよね。
　　　それは私ら、大体3日に1度ぐらい受領に行くわけですよ。ハルビ
　　　ンの駅までね。ハルビンの駅の一番隅っこの方に憲兵室の詰所があり
　　　まして、汽車の一番後ろに乗せるわけですよ。マルタに陸軍の外套み
　　　たいのを着せましてね、寒い時期が多かったからね。そして腰紐を全
　　　部ずっと数珠繋ぎにしてつけまして、手錠をかけてましてね。足かせ
　　　はもちろん付いてないわけですよ、731にまだ着いていないので。汽
　　　車が止まって一番けつの方にいるもんだから、憲兵隊の詰所の中に入
　　　れちゃうわけです。それを私らが受領に行くわけです。憲兵と2人
　　　で受け取りに行きました。
　　　　部隊の地域の、おそらくどの入口にもそうだけれども、「何人と言
　　　えども関東軍司令官の許可なく立ち入るべからず」という立て札が
　　　立っているんですよ。ハルビンから約6里ぐらいありますかね。731
　　　部隊の本部は。入ってくる所には全部そういう立て札が立っていまし
　　　た。
　　　　私が、部隊から安達へ向かっている時に、反対から入ってくる車を
　　　止めて、私は間違って入ってきたんではないかと思いますがね、ロシ
　　　ア人の運転する車でもって、6人乗ってましたが、途中なもんで手間
　　　もかけていられないので、私はナンバーを外して、その6人を軍用
　　　トラックに載せまして、憲兵隊へ引き継ぎして渡して行ったんです、
　　　その6人を。その後、2月から3月だったね。私が憲兵隊にマルタを
　　　受領しに行ったことがあるんですよ。その中に3名おりましたね。
問い：その時のロシア人が？
越　：731部隊に入れば生きて帰れないことは私も分かっていますから
　　　ね。私も気分が悪いような、非常に自分でも罪悪感を感じたりしたこ
　　　とがありました。
問い：間違って入ってきた、道に迷ったロシア人を？
越　：そのままマルタとして行って、おそらく研究材料に使われちゃう、
　　　生きて帰れないということですね、そういうこともありましたね。

16

余ったマルタを注射で虐殺

問い：そのほか、何かありますか。一番心に残っているというのは？

越　：一番心に残っているのは、終戦の約20日ぐらい前ですね。ハル
　　　ビンの駅の前が坂になってまして、そこに日本領事館があるんですよ。
　　　それで、向こうの建物は大体半地下になっていまして、地下でも明か
　　　りがずっと、外の明かりが入るようになっているんですよ。それで私
　　　が憲兵と2人で行ったところが、地下室の方へ回せって言われてね。
　　　マルタを輸送する車はね、今のGMですね。ゼネラルモーターズのダッ
　　　チという車でやってたんです。2台で。それで、私がそこへ行きまし
　　　たらね、マルタを載せてくれということで約40人載せたんですよ。

　　　大体40〜50人載りますからね。特別車の中には、畳が敷いてあ
　　　りまして、冬やなんかは排気暖房で真ん中にずっと暖房が通ってまし
　　　て、トイレまで付いているんですよ、特別車には。それでシートがずっ
　　　とかぶせてありまして、ちょうどトラックにシートをかけた具合に、
　　　外から見ると全然分からないですね。それで、ナンバープレートが大
　　　体10枚ぐらい入るようになっているんです。それで今日は、濱江省
　　　のナンバーを出すとか、今日は黒龍江省のナンバーを出すとかという
　　　具合にして、ナンバーの入れ違えをできるようになっていたのも特別
　　　車の変わったところでしたね。

問い：わざとナンバーを変えていたのですか？

越　：わざとナンバー変えて、だからね、一つの車じゃないという所を、
　　　要するに見せていましてね。

問い：でも、40〜50人載れるというのは、どういう状況で載っている
　　　わけですか？

越　：下、畳になっていますから。トラックの下がね。

問い：ぎゅうぎゅう詰めですか？

越　：ぎゅうぎゅう詰めでもないね。あの時分にね、ほとんど4トン半
　　　の車ですから相当大きいですよね。今の大型をちょっと小さくしたぐ
　　　らいですね。今の9トン車や10トン車を。それでタイヤはね、サニー
　　　ノログナーのタイヤを使っていましたね。私は、よくパンクをしたも
　　　んで覚えているんですが。そのようなタイヤを使っていましたけどね。
　　　それでそこから約40人を領事館から載せましてね、本部へ向かった

わけですね。いつもだったら、マルタを収容する所でもって、出迎え
ておって、来れば戸をバチャーンと閉めちゃって、それで逃がさない
ようにね。その時に限って、解剖室の前に車を止めてくれっていうこ
とで、ぐるっと回って、解剖室の前へ車を止めたんですよ。それで「エ
ンジンの音をいくらか高くしておいてくれ」と。スローですと全然静
かで分からないよね。いくらかスローを高くしてから、相当高くしま
してね。そうしたら、通訳が「これから皆さんに予防接種をするから
1人ずつ順に降りてきなさい。」ということでね、通訳がそういう具
合に話をして、それで私が行ったらね、診療所の医者ですよね、おっ
たですよね。あの当時知っているけど、藪本勇なんていう医者がおり
ましたね。それで6尺机の上に青酸カリね、青酸カリの入ったやつ
をね、注射器がずっと今の2ccのこのぐらいのやつが並んでましたね。
それで1人ずつ降りてきて、予防注射するからって、殺す人間は何
もそんな消毒なんてしなくてもいいんだけども、まぁ真似だけでね。
消毒をしてね、両側を押さえているわけですね。それで1ccですか
らこんなもんですね。青酸カリ。そうすると、でかい6尺もあるよ
うなロシア人がパターンと声一つ出さないで倒れてしまうのですね。

問い：へぇー！

越　：こんなもんですよ、1cc。そうすると、また、「次ぎ、降りてきな
　　　さい」ということで、それを引っ張ってってね、車の後ろに置くわけ。
　　　それで約40何人の人間をね、ものの10分もしないうちに殺したこ
　　　ともありますよ。

問い：もちろん、それも実験ですか？

越　：実験じゃなくてね、終戦でもって、中に100何本もいるでしょ。
　　　731部隊にいるし。そうかと言って、受領してきたのは、私の方で要
　　　りませんと返すわけにもいかないよね。

問い：じゃー、処分したということですか？

越　：結局処分しちゃったんですね。そんな処分したこともありました
　　　しね。

問い：それを目の前で見てて、どんな気持ちですか、その時？

越　：私ですか？　えらいことやっているなと思っているけどね。そん
　　　なことは口にも出せないしね。

問い：ずっと人がどんどん倒れてくのを見てたわけですか？

越　：私、見てました。目の前で見ていた。そんな離れていない所で。

自動車から降りてきた所で。

問い：もう、感覚が違うのでしょうか？

越　：だからね、青酸カリの威力はね、すごいと思ったね。話によればね、
　　大体このぐらいの青酸カリがあれば、大体2000人ぐらい殺せるって
　　言ってましたね。

問い：へぇー！

越　：そういうようなところも見たことがあるしね。

731部隊の最後の光景

問い：それを打っている人も淡々とやっているわけですか？

越　：普通ですね。だから罪悪感なんていうものは全然ないですよ。戦
　　時中はね。よく一番言われることだけど、「その時はどう思った？」
　　とか、「どういう気持ちでやった？」ということだけれども、人を殺
　　すこと自体が悪いなんていう感覚がもう、戦時中はないですからね。
　　今変わって、平時になって、あんなことよくやって実際本当に眠られ
　　ないようなこともあるけれど、あの当時はそんなこと全然考えないで
　　すね。

問い：今こうして、そういうことを思い出すと、やっぱりつらいでしょ
　　う？

越　：そうですね。段々日にちが解決して、それで今はもう忘れるよう
　　になっちゃったけど、その当時はね。
　　　それで、終戦の時もね、縄でね、こういう縄を作りましてね、それ
　　で両方にかけるわけですね。縄を。

問い：2人にですか？

越　：そう2人に。このぐらいの。それで真ん中へ木を入れましてね、
　　ぐるっと回すとしまっていくでしょ。そうしてね、1人でやっていれ
　　ば、苦しくなればやめちゃうけれど、2人でやっていけばそんなわけ
　　にはいかない。そうやって殺させましたね。あの一番最後の終戦時の
　　処分する時は。

問い：自分たちで、2人で、こう縄をまわして首を絞めあったというこ
　　とですか。

越　：それから、残ったのは、青酸カリでやったりね。いろいろの方法
　　で100何人そういう具合にして、処分したね。

遺灰を棄てた松花江の鉄橋（1991年8月31日撮影）

　それで、やる前にみんな穴掘らせたんだけど、穴へ入れたと思った
ら、足が片一方出たりするもんでね。また全部焼却したわけですよ。
それで骨にしたやつを、ハルビンの満鉄線の鉄橋の下へ、深くなって
いるもんで、それで約2日間、自動車に載せましてね。それで行く
時には、私1人なんだ。向こうにはいるけど。それでね、あの部隊
を全部爆破した時に、鉄骨なんかをそのまんま、マルタと一緒にバー
ンと飛んじゃって細かく飛ばないもんでね。工兵隊が来て、全部処分
したんですよ。だけど、そんなのやなんかと一緒にね。みんなハルビ
ンの満鉄線の橋の下にもってってね、カマスにこのように入れてね。
それで、100何人の骨をね、入れたですね。
　それでそのまま何する〔投下する〕とだめな〔浮く〕もんでね。カ
マスを皆でもって切ってね、バラバラと骨をね、今のスンガリー〔松
花江〕へですね。
問い：河ですか？
越　：ええ、河です。スンガリーってね。スンガリーって河の下へ流し
　　たのです。おそらく河に流せばものの一月も経たないうちに無くなっ
　　ちゃいますよ。溶けちゃう。流れてね。

20

問い：それで、帰ってきてからのことをちょっと伺いたいんですが。御
　　　家族の方もそういうことをしていること知っているわけですか？
越　　：これはね、同じ隊員同士でも絶対話ができなかったです。聞くこ
　　　ともできなかった。
問い：帰ってきてからですか？
越　　：帰ってきてもそうだしね。

日本人とマルタの慰霊祭

問い：その場でも
越　　：ええ、その場でも。だからお互いがどんな仕事をやっているかみ
　　　んな口はもうね、きけなかった。
　　　　だから、私ら、細菌の生産なんかをしている時は、自分の唾でさへ
　　　も飲んじゃいけなかった。
　　　　それで、えらいもんですよ。シャーレを寒天で滅菌しておいて、そ
　　　れでこのなかに全然菌も無ければ無菌状態になっているんだけど、
　　　パッととってパッとこうやった瞬間でね、培養するものすごい菌がね、
　　　雑菌がね。だからね、研究室に入った時も自分の唾でさえも危険だか
　　　ら飲んではいけない。それで年間20人ぐらいは犠牲が出ましたね。
　　　同胞が倒れましたね。
問い：日本人が？
越　　：ええ、部隊員が。それで、本部の前に63棟と言って約3000人
　　　ぐらい入る大講堂があるんですよ。63棟と言ってね。それで片方には、
　　　食堂がありましてね。高等官舎だとか。それで片っ方には軍の酒保が
　　　ありましてね。それで真中にこう立っている。そこで、一年に一度、
　　　慰霊祭をやるわけですよ。隊員が亡くなるから。その中には動物の霊
　　　ね、これも一緒にやるわけですよ。動物もいろいろ研究に使うもんで
　　　ね。それから隊員ね。マルタはね、
　　　　やっぱし霊として祭られているんですよ、これは無名の霊と言うん
　　　です。無名の霊ということで、マルタの慰霊祭もやれば、動物の慰霊
　　　祭もやれば、隊員の慰霊祭もやれば、これは年に一度ずつやったので
　　　す。
問い：マルタを完全に人間だとは見ていなかったということですか？
越　　：ですから、マルタと言うんですね。それで話をしても今日は何人

だとか言うと分かってしまうから、「丸太」と言うことなんだね。研究材料に使うから。もう人間としては、扱っていないんですよね、全然。

問い：やはり、自分の同胞も亡くしてしまうぐらい怖いことをやっていることに、その時は疑問みたいなものもなく、やれていたということですか？

越　：そうです。それとね、みんな一筆入っているというか、自分が亡くなった場合には、いつ解剖されてもいいという一筆みんな入っているわけですよね、菌の生産している人は。もちろん、亡くなってしまえば、みんな研究に使えるでしょ、隊員でも。

問い：越さんもそういう覚悟だったんですか？

越　：覚悟だったですね。それで、うちの子供がね、これも犠牲になっちゃったんだよね。どうして、子供にああいう菌の何で亡くなったのかはわからないけど、私は、飛行場の隅で焼きましたけどね。あの普通の所で火葬にできないもので。それで、隊員かなんか亡くなると、飛行場の隅へ持って行きましてね、そこで薪でもってみんな火葬にするんだけど、あと燠（おき）になって1日ぐらい経たないと、骨が拾えないですよね。

亡くなった最愛の子

問い：お子様は向こうでお生まれになったんですか？

越　：ええ、そうです。三つの歳にね。私の出した『日の丸は紅い泪に』という本の中に出ている、亡くなった子供ですよね。

　　　民間では、火葬はしなかったですね。

　　　それでね、亡くなる、生まれるというのはね、濱江省ハルビン吉林街38号が、石井中将の官舎ですね。そこで、生まれたことになるんだ。平房で、6里も離れた本部で生まれた人間でも何でも、全部そこでもって、生まれたことになる。亡くなるのも、そこで。だからね、架空の地になっているんですよ、本部は、研究所。だから、そん中に官舎あって、亡くなったかといっても全部、石井中将の家で亡くなったことになる。だからね、私の子供向こうで1人生まれたんだけれども、籍に入っていなかった。それで帰ってきて配給受ける時だって配給が受けられないしね。「この子どこの子ですか」なんて言われてね。そして、家庭裁判所を通しましてね、籍入れましたけれどね。

22

　　私の戸籍謄本取ってみると、満州国全権特命大使山田乙三というの
があの時の関東軍司令官でやっておったんだけど、その命により、ど
こそこにこうだと言うことしか書いてありませんね、私の戸籍謄本を
取ってみても。そんなような事でね、一番問題の機密問題があるから、
要するに火葬ができなかったということじゃないですかね。

問い：もう一度火葬のことなんですけれども、火葬する場所はなかった
　　　ということなんですか？

越　：無かったですね。

問い：というのはどうしてですか？

越　：それはどういう具合だったかね。

問い：先ほど、マルタを焼く場所しか…

越　：マルタを焼く場所だけですね。だから、隊員を焼く場所は無かっ
　　　たね。本部の中には。

問い：お子さんは？

越　：飛行場の隅でやった。

問い：それは、3歳の時ですか？

越　：3歳の時。

問い：何で死亡してしまったのですか？

越　：その原因は、おそらく感染したんだろうと思うね、細菌に。小さ
　　　いから。それでね、はっきりね、言えないというか、ハガキにもある
　　　ように死因が我々が見てはっきり分かっていても、俗に言う診断書は
　　　ね、どういう細菌によってこうだとは絶対に書かない。

問い：でも、多分そうだということですね。お子さん亡くされた時はど
　　　んな気持ちでした？

越　：自分の子供が亡くなった時は、切ないよね。なんだかんだ言ったっ
　　　てね。涙出なくたって泣いちゃうよね。

問い：奥様はどうでしたか？

越　：同じよね。

問い：もう、毎日マルタが死んでいくのを見ているのと、また自分の子
　　　が死ぬのとその時は違う感覚で見ていたということですか。

越　：そうですね、違う感覚だね、それだけは。こんなことを言えば何
　　　だけれども、やっぱりマルタとは違うね、見方がね。マルタの方は、
　　　涙なくて、自分の子じゃないからね。

問い：自分も細菌にかかるかも知れないし、奥さんもそうなるかも知れ

（1）越定男さんの証言①

ないし、その時は怖かったんじゃないですか？

越　：それでね、帰りにはね、昇汞水とね、それとクレゾール。クレゾールの風呂に入りまして、並んでて、それで今度は昇こう水の風呂に入ってね、帰るわけですよ、帰りは。

問い：どこに帰るんですか？

越　：要するに、官舎へ帰るんです。自分のうちに帰るんです。

問い：仕事が終わって？

越　：仕事が終わった後は。だから、魚屋さんのそばに行けば魚くさくてね、看護婦さんのそばに行けば消毒くさい、という具合で、年中何していると分からないけど、そういうことで聞かれますよね。「うちの父さん、消毒くさい」とかね。

「731の記録」を残さねば

問い：で、あの敗戦になって、こちらに戻ってきて、その後も一切話はできないわけですよね。

越　：あのね、「隊員同士の相互の連絡は取っちゃいけない」と。それで、石井中将が撤退する一番最後に、731部隊の石炭山の上に立ちましてね、内地へ帰ったら「相互関係は成してはいけない」と、そして「部隊についてのいろいろな事をね、言った者については、隊長はどこまでもその人の後を追うぞ」というような脅迫がましいことを言いましたね、隊長は。それでもね、県人会というのがあったんですね。私の場合は長野県人会ですが、それで会長がね、柄沢十三夫ね、ハバロフスク裁判の後で亡くなった、あれが県人会の会長をやっとったんですよ。そんなようなことで、連絡はぜんぜん取れないけれど、あれ、6〜7年前、松本の美ヶ原でもって10何名で戦友会をやったことありますね。それが1回だけじゃないですかね。あとは、各個各個にみな戦友会だと言ってやっているけれども、大っぴらにはやっていないよね。

　本を出す気になったのは、ちょうど長野の市長選があった時に、赤旗の日曜版にね、『悪魔の飽食』を森村誠一さんがね、書かれておったんですよ。それで、あの時分に、取材と言ったって、あっちで取材したり、こっちで取材したり、いろいろやっているから、正確なこともね、取材のあれにも入っていなかったけれど、私のやっていること

をほかの人がね、しゃべったことがあるんですよ。『悪魔の飽食』に
書かれていた中に。特別車は黒い色だとかね、黒じゃないんだ。国防
色なんですがね。それでどうせ残すならね、これは正確なことで残さ
なくてはいかんと思ってね、それで本を書く気になったんです。

　それで、長野県の場合は、今、駅前のホテルで、もう立派になりま
したけど、3階建ての木造の旅館がありましてね、そこへ安曇にいる
主計大尉がね、あの当時5円あれば生活できたんですよ、終戦当時
ね。それが、ひと月に150円を三月分ずつ置いていってくれましたね。
それで、5年間ぐらいは、まあ他の部隊はそんなのはなかったんだけ
ど、731部隊の隊員については、いろいろ生活が困ったり、いろいろ
防諜の問題で秘密が暴露しちゃまずいということで、三月ずつ補助し
てくれましてね。それで私がね、はじめ三月もらったのかな、その当
時、長野県の集まった人間が13人ぐらいだったけどね、青木屋旅館
と言う旅館です。今、青木屋ホテルになってます、駅の前で。

問い：731部隊の方が13人集まったのですか？

越　：ええ、集まってね。それで、安曇野の主計大尉があの当時の金で
150円ずつ、450円もらったことがあります。それから、石井中将
の方から連絡ありましてね。私東京から帰るときに、〔731の〕増田
と言う少将がおったんです。知貞というんですが、千葉県の人で。そ
の人から、「越、お前、うちに帰ってなんか仕事することあんのか？」
というようなことを聞かれてね。「何もない」と言ったところが、今の、
日本特殊工業がね、今度は平和産業に切り替えて電熱器具類をやって
いるから、それは太井でやっているから残らないかと言って、私に言
われたことがあるんですね。職もなかったし。そしたら、うちへ帰っ
てみたら、親も年寄りだしね、それで里心ついちゃって、行かなくて
うちにおったんですよ。それで、3か月間150円ずつ、450円で残っ
たんですよ。そうしたところが、石井隊長の方から手紙が来ましてね。
それで、千葉県へ出て来いと。ということで、石井中将の、私、自宅
へ行ったことあるんですよ。そうしたところが、安房郡に漁業会があ
るから、そこへ、少し、逃亡じゃないけど、隠れてくれというような
ことでね。私に〔部隊のことを〕聞かれるというと、隊長の存在から
何から勤めていたんで全部わかっちゃうんですね。そんなようなこと
で、千葉県の今、小浦になっていますかね、木更津の少し向こうです
よね。岩井高崎海岸というところに職を心配してくれてね。それで漁

業会ですね。漁業会でもって、約2年ぐらいおりましたね。それで
ほとぼりが冷めてね、それで長野へ帰ったんだけれども。その当時、
長野電鉄に入ったのだけれども、履歴書も本当のことも書けないしね。
今、考えてみれば嘘八百の履歴書を書いてね、それで採用してもらっ
て、定年までおったわけなんです。

問い：では、帰ってきてからも逃亡生活っていうか、誰にも言えないで、
　　　何年も！

越　：誰にも、言えないですね。石井中将と私とでは26違ったんです
　　　よ、歳が。私、今、75だから、26というともう何ですね、100ぐら
　　　いになりますね、石井中将。それで、亡くなって、もう大分なります
　　　から、生きていれば、こんな発言もできなかったし、それから何もで
　　　きなかったと思うけれども、〔部隊から〕持ってきた書類というのは、
　　　もう、研究資料は全部アメリカ軍に渡っちゃってね。それと引き換え
　　　に裁判にかけないという条件の下に我々首つながったわけだから。そ
　　　れがあったから、今のいろいろな口外もできたんだけれども、その前
　　　まではぜんぜんできなかった。

問い：やはり、話さなければいけないと言う気持ちが強かったんですか？

越　：そういう気持ちっちゅうかね、それはもう、自然に忘れていくよ
　　　りしょうがないと思ったですね。

問い：忘れたいという気持ちの方が大きかったですか？

越　：ええ、それでね、帰ってきた当時は、えらくうなされてみたりね。
　　　いろいろないやな夢を見ましたよ。

問い：そうでしょうねぇ。

越　：明けても、暮れても人の死んでいくようなことしか見ないんだか
　　　ら。

問い：でも、本を出して、やはりいろんな反響というか、いろんなこと
　　　を言ってくる人がいるわけですよね。

越　：ええ、おります。

問い：それでも、言わなければいけないと思ったのはどうしてですか？

越　：それはね、森村さんの『悪魔の飽食』、あの中にあるKと書いて
　　　あるのは私の証言ですよ、『悪魔の飽食』の中の。それで、私は別に
　　　本を出したんだけれどね。どうせね、ずっと残していくものだったな
　　　らば、やっぱし、正しいこと、正しいと言うか、はっきりしたことでね、
　　　やってきたことはやってきたことでもって、正しく残さなければいか

んと思ってね。ええかげんのようなことで何がなんだかわからんこと
じゃしょうがないですね。それで、私も書く気になったんですよね。

問い：そういう批判とか怖いって思いませんでした？

越　：それはね、どっちかと言うと怖いというような気持ちはもう全然
ないですね。それで、さんざん、何してきたから、いつ死んでもいい
なと思ってね。だから、命については、別にね、死にたくなるとかこ
うだとか全然無いですね、ええ。

問い：今は、罪の意識みたいなものはおありなんでしょうか？

越　：ありますね。

問い：そうですか。

越　：だから、いつもね。お参りしたりね、やってますけどね。だから、
どっちかと言うと、最近は信心深くなっちゃったですよ。

新宿の骨の鑑定書について

問い：ちょっとお話が変わりますが、今回新宿の〔軍医学校の跡地で発見
された〕骨の鑑定が出たんですけれども、鑑定書の結果は、「731 部
隊のかかわりは認めるに至らなかった」、という結果は出たんですけ
れども、越さん自身はどうお思いになりますか？

越　：私はね、軍医学校というのはね、731 部隊の玄関口でね。あそこ
でもって、3 部の濾水機の教育もしたりね、軍医の教育もしたり、そ
れで、その元締めというのは軍医学校にあったんですよね。それで、
採用する人間も、軍医学校で試験を受けて、それで教育をされてみん
な入ってきているわけですよね。だから、731 部隊とは切っても切れ
ない兄弟以上な関係なんですよね。

問い：その場所がですね？

越　：軍医学校が。あの今の東一ってね、東京第一陸軍病院が、軍医学
校の隣にあったわけです。ハルビンでも同じですね。ハルビンで 3 部
で濾水機の試験場があったり、3 部と言うのは江口〔豊潔〕と言う中
佐が 3 部の部長でおったですよ。その隣がね、ハルビンの「奈良部隊」。
昭和 15 年まではね、石井部隊だったんです。それがね、昭和 15 年
からはね、全部部隊名が番号に替わったわけです。日本の陸軍の全部
が。そんな関係で 731 部隊というのは、15 年以降ですね。それも何
と並んでいるわけですよ、奈良部隊と。だから、病院とね、731 部隊

は切っても切れない関係があるわけで、今の何じゃないですかね、石井中将もね、京都帝大のね、医学部で優秀で出てね、それで校長が自分の娘を嫁がせた、優秀だったですね。だから、自分でも、大将を作ろうと言ってましたよ。軍医が中将で最高だなんて、そんな馬鹿なことはない、なんてね。それでワンマンだったですよ、ほんとに。電話１本でハルビンの急行なんか30分ぐらい待たしてしまうんですからね。私ら乗り付けたことありますけどね。ちゃんと待たしておいてね。権力と言うのは恐ろしいものですね、昔の。それで今の骨の問題ですけど、先ほど言ったように、ハルビンまで５日かかるんですよ、片道。

問い：日本からですか？

越　：ええ、日本から。これからずっと行って、関釜連絡船で渡って、朝鮮からずっと上がって、南満からずっと、ハルビンは北満の入口だけど、ハルビンまで５日、飛行機で飛ぶっていうと、２時間足らずで、上、飛んじゃうわけですね。それで、飛行機でマルタを全部安達で試験するなんだかんだで、全部マルタ、飛行機で輸送する場合は最高10本ぐらい、10人ぐらいしか運ばなかったですね。たくさん運ばなかったですね。そういった所を、下ろしたところも見たし、また、載せたところも見てるし、それから試験する所も見てきたんだけれども、そんな関係だから、おそらく、731部隊の中にあれ〔標本〕があったですよ。ホルマリン漬けになったいろいろなあれがものすごくありましたね。

問い：標本ですか？

越　：標本ですね。だから、軍医学校あたりはもちろんあるはずですね。そんな関係でもって、ロシア人にしろ、中国人にしろ、おそらく、出てきた遺体というのは、全部同じ人間じゃないと思いますよ。

問い：百体も出てきたというのですが。

越　：ええ、百体。おそらく、日本人じゃないと思いますよ。その百体は。おそらく、ロシア人もいれば中国人もいると思います。そうしてみればね、731部隊が何もしなければ、百何体の人間がね、同じ人種じゃなくてできるはずがないですよ。

731 部隊から運んだ？

問い：新宿で出てきた骨は百体以上もあったのですが、何の骨だと思いますか？

越　：それは、731 部隊から運んだもんだと思います。ええ、おそらく、戦災でもね、他の人が大体入れないですよ、軍医学校には。民間の人は入れないし、中国人は入れないし、それで研究もしている所だし。そうしてみれば、731 部隊から運ぶより他に運んできた所はないと思いますね、私は。実際には運んだ所は見ていないですよ。私はそう思いますね。そして、飛行機で輸送している所を見ているしね。安達の試験場なんかは、汚染されない場合は飛行機で運ぶんです。きれいな体の時は。それで、汚染されちゃった場合は、ほとんど自動車で運んだんです。

　ということはね、500 台も 600 台もフォードがあったんです、731 部隊には。それで、球菌って言って同じ菌の中でも、潰瘍みたいな菌がありましてね、消毒液の中へ 30 分ぐらい漬かってても死なない菌があるんですよね。そういうのは、自動車、消毒できないんですよ。そういうのは飛行場の隅で自動車みんな燃しちゃったですよね。普通の部隊あたりに行けば、自動車は兵器ですよ。本当に大事にするもんでね。でも、消毒できないっていうことになると、自動車みんな焼いちゃったですね。でも、飛行機、焼くわけにいかない。そのために、汚染されていないやつはみんな飛行機で運んで、だから、おそらく、汚染されていないマルタを運んで、軍医学校でいろいろやったんじゃないかと私は思いますね。

問い：軍医学校で生体実験が行われていた？

越　：ええ、生体実験もしたんですね。だから、民間の人が入れない所にね、あれだけの遺体が出てくるなんていうことは、考えられないですね。

問い：そうですね。

ディレクター：すいません、今のですね、マルタが輸送されて軍医学校の方で、生体解剖・生体実験が行われたというのはそれはどうしてですか？　生きたまま、軍医学校の方へ運ばれたのですか？

越　：そうですね。生きたままですね。

ディレクター：それは、どうしてですか？　そういう風にお考えになるのは？

越　：あのね、大体、死んだ人間と言うのは、どっちかと言えばあまり飛行機で運ばないですね。今まで安達で試験しているのは、ほとんど健康な人間をね、安達の試験場へ持って行って、試験をしましたね。

問い：飛行機で持ってって？

越　：ええ、飛行機で持ってって。それで、大体10人ぐらいです。10本ぐらいです。だから安達へは、飛行機で持っていくのはほとんど、1日おきぐらいにもってって試験したですね。

問い：それを、なぜ日本へ持ってきたのでしょう？

越　：その人間ですか？　マルタですか？

問い：ええ。

越　：それは、おそらく軍医学校で試験するために運んだものではないでしょうか。それで、バラシたやつをまたハルビンに持っていく必要はないから埋めたんですよ。軍医学校の跡に埋めたもんですね。そういう風にしか私らには解釈できない。

ディレクター：もう一つ、先ほど、マルタを実際、飛行機で空輸している所を見たということですけれども、そのときの状況とはどうなんですか？

越　：マルタを輸送したというのは、東京の軍医学校に持って行ったかは、それはわからないけれど、安達の試験場ね、731部隊の試験場が安達にあったですよね。安達の試験場に運ぶには、汚染されていない場合でもって本数の少ない場合、ほとんど飛行機で運んだんですね。自動車だと大体8時間ぐらいかかるんですよ。本部から安達までに行くのに。約280kmぐらいありますかね。それで、途中、道路がわからないから消毒用のもので、ちょうどザラメみたいになっているような赤い粉をパパッと撒いてね、それで、ラインをつけつけ、吹雪の時にはわからないしね、それで、自動車の場合は非常に手間取るからね。研究するにもいろいろな時間の問題のある研究の場合もあるし、それで飛行機を使っているわけですね。だから、飛行機でマルタを安達へ運んだことは、もう、何回となく見てますしね。

問い：マルタをどのようにして飛行機に積んだんですか？

越　：足錠は、もうかかっていますから。それで手錠をかけて、それで、上から黒い頭巾をかぶせて、それで呼吸のできるようにしてね、それで運ぶわけですよ。

問い：10人ぐらいですか？

越　：ええ、大体10人ぐらいね。だいたい、飛行機で1回分10人ぐ
　　　らいしか運ばないですよね。そのほか、操縦士も乗っていれば、整備
　　　士も乗っているしね。総合計で15人ぐらいになるわね。大体そのぐ
　　　らいずつ運んでいましたね。

問い：〔近藤〕あの、いろんな人種が混じっている骨だというのは、731
　　　しか考えられないのですか？

越　：試験に使った人種というのは、ロシア人だとか、中国人だとか、
　　　モンゴル人だとか、朝鮮人だといった具合で、大体、6カ国ぐらいの
　　　人種を使っておりましたね。私ら、運んでくるからよくわかるんだけ
　　　ど。ちょっと、見分けのつかないのは、ドイツ人だとかフランス人だ
　　　とかはちょっと分からないけど、ロシア人なんかはわかりますね。

越　：それで、手錠だなんだと言っても、日本の手錠はこんなに小さい
　　　けれども、ロシア人っていうのは、腕がこんなにあるでしょう。あれ
　　　は特殊じゃないとかからないですよね。だから、人種も、ロシア人だ
　　　とか、中国人だとか、モンゴル人だとか言った具合に、たくさん人種
　　　おりましたからね。

問い：新宿に運ばれたかも知れない100体の今回出た骨も全部違う人種
　　　がいるっていうことですか？

越　：それは、私は、見ていないからね。分からないし、話も今日、お
　　　たくから聞くのが初めてなんだ。100何体、この前30何体のといっ
　　　てたところを増えたなんだということは聞いておるけどね。

問い：いろんな人種がいたんじゃないかというのは予想ですか？

越　：ええ、予想できますね。

問い：それは、なぜですか？

越　：今、言ったようにいろんな人種が…

問い：731部隊いたからですか？

越　：ええ。それで、おそらく軍医学校から出たんだけれども、軍医学
　　　校から出たのが一つの人種なら、またそこに考えられるけど、要する
　　　に、日本人なら日本人だけなら、また、別に考えられるけど、おそら
　　　くね、いろいろな所の人種が入っていると思いますね。私は。

問い：〔近藤〕そういう鑑定結果になっているんです。

越　：ああ、そういう鑑定結果に。余計に私は731部隊だと思うね。

ディレクター：鑑定結果を読みますと、いわゆるモンゴロイドに属する
　　　であろうというんですが、いわれる単一の人種に由来するものではな

いであろうという印象を持つ。そういうような鑑定結果。はっきり
と言い切るような結果は出ていないのですけれども、〔近藤〕中国人、
朝鮮人なんかのモンゴロイド系の人種が入り混じった骨だと言ってい
る。

越　：一番、使っとったのは、中国人ですよね。試験に使っとったのは。
マルタで。

731部隊での生体実験

問い：頭蓋骨に、のこぎりでつけた傷があるとか、また、銃で撃った痕
があるとかそういうものがあるんですけれども、それはなぜだと思い
ますか？

越　：それはちょっと分からないね。私は。あのね、銃弾試験もしたこ
ともありますよ。安達だね。こう並べといてね。

　　胸部を撃ってね。防寒私服を着せて、何人抜けるかというような試
験もしたことはありますしね。

問い：何人抜けるか？

越　：ええ、銃を撃って。通して抜けるか。

問い：何人も並べて？

越　：ええ、何人も並べておいて、そういう試験もしたことがあります
しね。

　　それから、水の試験をしたこともありますよ。関東軍防疫給水部だ
からね、水の試験も当然やるんですよ。それで、人間、水だけで大体
どのくらい生きるかというと、60日ぐらい生きます。水だけ飲ませて。
それで、パンならパンをやってね、水を全然やらないでしょ、そうす
るというと一週間ぐらいすると喀血しだす。それでものすごい苦しみ
方しますよ。パンをやって水をやらないと。かえって、寿命がね、パ
ンを食べればおそらく15日しないうちにのびちゃいますね。

　　それでね、人間を乾燥機にかけたことがあるんです。熱風で。生き
た人間をね。体重を、例えば60kgなら60kgと量っておいて。乾燥
機の中に人間を入れておいて、熱風でパーッと乾燥するんですよ、2
日ぐらい。

　　そうすると、骨だけになっちゃうわけですね。そうすると、人間の
体に水分がどのくらいあるのかというと、78% 人間の体は水分です。

あと 22% がね、残骸ですよ。骨ですよ。

　人間の体に、水がいかに重要だってことがわかりますね。それから、ほかではできないね、いろいろな試験をしましたね。凍傷試験なんかもね、零下 15 度の水の中へ何分間入れておくとどういう症状になるとかね、凍傷の試験ですね。そんなような試験もしたしね、吉村班が凍傷専門の課ですよね。

問い：考えられませんね。なんか、もう…

越　：私らね、帰ってきてみてね、特に考えることは、こんなことよくできたなぁと思うこととね、それで、こんなことほかの所では、こんな試験なんかできないですよね。

問い：それはそうですよ！

越　：できないですよね。それを、731 部隊がこれだけのことをやってきたんですからね。それで、そのほかの資料なんかは、あれ、アメリカ軍に渡っちゃったんですよね。だから、〔帝銀事件の〕平沢貞通は 90 何歳で獄中で亡くなったんだけど、あれもあの当時に取調べした警部が、今、健在で生きているんですよね。平沢を無実と判断したのが、GHQ の関係でやめさせられちゃったんですね。だから、絵描きさんがああいう専門的な、プロ的な殺し方なんてできないということでね、あれもおそらく、平沢じゃないじゃないかということでね、あれ〔再審請求〕しているけど…。

問い：マルタの中には子供も女の人もいたと？

越　：子どもでもって、研究にまた、使ったんですね。

問い：どんな研究に使うんですか？

越　：私が見たのは、ガスの試験ですね。

問い：ガス室の中へ入れるんですか？

越　：ええ、入れてね。ガスの中なんかに入れると、人間の体は、呼吸器は、鳩と同じですね。だから、鳩の飛んでるところでは、ガスでは人間は死にませんよ。鳩と同じです。人間の呼吸器は。だからいろいろな濃度試験なんかやっているけど、鳩が飛んだり、小鳥が飛んでる所は、人間は絶対死なないよね。あれが、2000 倍だ、3000 倍だの薄いガスでもって、ほんとにいろいろな症状の下に亡くなっていっちゃうんだけど、あんなところなんか見てられないですよ、ほんとに。それでガラス張りですからね、撮影機でピーとみんな、断末魔の状況は全部こう、撮影できるわけですよね。

問い：人が苦しんでいるのを、そのままガラス張りで見れるということ
　　　ですよね。

越　：ええ、一酸化炭素のガス試験なんかをやったことありますけれど
　　　ね。それを、私、見たことありますけれどね、

　　　精液が、だらだらだらだら出ちゃってね、それで、泡を吹きますよ。
　　ものすごく。それで、心臓がパカッと止まってね、それで、きれいな
　　空気なところへパーッと外へ、むしろの上へぶん投げて置くでしょ、
　　裸にして、胸を広げて、30分に1度ぐらいしか心臓が動かないよね。
　　30分に1度しか。一酸化炭素やるとき。それでいて、生き返っちゃ
　　う場合がある。そんなになってても。そういうようなのも見たしね。

　　　一番早いのは、青酸ガス。青酸ガスでやるやつは、ほんとに、もう
　　一発ですよね。青酸カリをガスに換えたやつがボンベに入っているん
　　ですよね。

　　　私もなにしろ医者じゃないけれど、隊長と一緒におった時に、いろ
　　いろな所を見せてくれたけど、ほかの人はこういう状況はおそらく全
　　部は見れなかったと思うね。隊長と一緒にいて、お前は向こうに行っ
　　ていろとはいかない。私いつも付いているでしょ。それで、自動車の
　　座席にいつもモーゼルの10連発入る拳銃を入れておきましてね、
　　それで非常の場合には、いつ撃ってもいいんだけども、許されておった
　　からね。

問い：いろいろお話いただいたんですけど…

越　：まだ、話すことは、たくさんあるけどね。ほんとにきりがないです、
　　　731部隊の悪業なんていうことは。私の見てきたことだけで、これだ
　　　けのことを言えるんだから。

これから先の対処について

ディレクター：実際に731部隊に関する当時の問題を本に書かれたりし
　　たわけですけれども、今これから先どのように対処していったらいい
　　のか、扱っていったらいいのか、どのようにお考えですか？

越　：これはね、日本の医学界には、ものすごくいい研究資料が残って
　　　いると思いますよ。ということは、あの当時の幹部連中は、各大学の
　　　教授になったりね、いまだに残っている人もいますけれどね。あれ
　　　だけの研究は普通民間では、ちょっと、できないからね。それで、今

度の軍医学校の跡のあれは厚生省かなんかの毒物研究所なんかのセンターかなんかになってますね。あれも、おそらく、731部隊との関連も大いにあることだしね。

ディレクター：その毒物研究センターと731部隊の関連というのは？

越：あの、幹部連もだいぶ行っているんじゃないですか？

問い：幹部連？

越：幹部、731部隊の。だから、つながりはもう十分にありますね。

問い：私ももちろん知りませんでしたし、今の世代は知らない人が段々増えてくると思うのですけれども、越さんはこれから先、731部隊にいらっしゃったことをどのようにしていこうと思われますか？

越：まぁ、肝心な研究資料は、全部残っていることだしね。医学的には、私ら、どうだったとかこうだったとか言うあれはないね。それで、やってきたことも、段々薄らいでもきたしね、それで、おそらく、こういう話をしてもね、全然わからないよね。今の若い人は。

問い：ええ、何か映画の世界っていう感じがありますけれども。

越：そんなことあったのかなぁ程度でね。だからそういうことも、思い出すこと自体がいやだし、どっちかというとこうやって今日も取材に皆さんご苦労願ってこられたんで、協力はしているんだけれども。正直な話、もうしゃべりたくないですよね。こういうことは。ほんとに。再びね、昔をこう思い出させるようなね。

問い：でも、やはりこうして本を出したり、しゃべってるということには、何か意味が？

越：そうですね。まぁ、さっぱりするわね。モヤモヤした気持ちだとか、人に言えないことをいつまでも思ってるのがね、でも今は、自由にしゃべれるからね。だから、私もその気持ちになって、いろいろ何してはいるんだけれども。本心はね、もう本当にしゃべりたくないですね。

問い：新宿の骨も、もしかしたらこのまま火葬されて、埋葬されてしまうのですけれども、そのことに関してはどうお思いになりますか？

越：まあ、こうやって、静かに考えれば、どこの国民であろうと、骨が我々の日本の国から出たんだから、本当に埋葬して、何しなくちゃ、亡くなっていったものは、浮かばれないと思うね。

問い：それが、誰の骨だかもわからないまんま、火葬されてしまうことに関しては、追及されないまま火葬されることについては？

越：これはね、今、南方あたりに行ったってね、しゃれこうべが海で

ごろごろごろごろして片付けられない状況でね。それで、今のこうい
うことを知れば、化けて出るんじゃないか、骨がまだ山積みになって
いても処理できないものだしね。だから、どこの国であろうと、地球
の上に生きていた人間に相違ないんだからね。だから、死んでいった
者については、どこまでも、策を持ってやらないといけないと思うね。

問い：なんか、中国の方から、あそこの骨はもしかしたら、自分の家族
　　　じゃないかというような訴えも日弁連に出ていると伺ったんですけれ
　　　ども。

越　：どういうつもりでそういうことを言っているか知れないけれど、
　　　わからないね。ん、私の兄弟じゃないか、何じゃないか、ということ
　　　は、おそらくわかりっこないでしょ。

問い：今となっては？

越　：今となってはわかりっこない。ええ。

ディレクター：ただ、そういうような可能性のある人たちにとってみれば、
　　　必死の思いで…。

越　：そうですね。

問い：それについてはどう思いますか？

越　：自分の子供が亡くなれば、……私がハルビンにいる時に、隊員の
　　　子供がね、スンガリー（松花江）で水におぼれて亡くなったんだけど、
　　　１週間ぐらいたったら、ドーナッツみたいに真っ黒になっちゃって、
　　　自分の子供でも親が見たってわからないよね、水死したら。それで、
　　　うちの子供じゃないって言って帰ってきたけど、子供が水の中に入っ
　　　た時に、ズロースの紐がね、赤いゴムひもでやっておったという目当
　　　てだけあってね。ああ、見れば、赤いゴムひもだ、うちの子供だって、
　　　わかったことがありますけれどもねぇ。そんなようなことで、どっか
　　　で死んだっていえば、うちの子供じゃないか、亡くなった人にしてみ
　　　れば、当然思いますよね。それは。

問い：国って言うか、その厚生省も鑑定することをこの３年間拒否し続
　　　けてきたりとか、そういうことに関してはどう思いますか？　実際
　　　731部隊についての関連性についての…

越　：それは、おそらく、国の圧力があったんじゃないですかね。私は、
　　　そう思う。ということはね、731部隊がこれだけのことをしておって
　　　も、今の教育裁判やいろいろなことに出ておるけれど、そんなこと
　　　は無い、無いで、わかっていても無い、無いで通してきたんですもの。

こうやって、私ら、やってきたことはっきりわかっていても、そんなことありません、ありませんって、ほんとに、40何年、50年もたったって、まだ、そんなこと言っているんだよ。だから、当然圧力かかってね、そういうこと言ってるんじゃないかね。私は、そういう風にしか思えない。

ディレクター：本来、どうすべきだと思いますか？

越　：本来ですか？

ディレクター：国が731部隊っていうものを否定し続けている状況を、本来は、どういう態度を国はとるべきだと思いますか？

越　：国の考えていることは、少しでも、国の立場が悪いような具合にはもっていきたくないということじゃないですかね。

問い：本当はどうした方がいいと越さんは思いますか？

越　：私はね、やったことはやったことで、素直にね、これは、認めてね。それで、やったことについての歴史は正しく、やったことについては残したいと思いますね、私は。いい加減じゃなくて。こういうことがあったんだけど、こうだと。

　　　だから、結局、国の方針として、少しでもどんなことでも隠したいと。自分たちの不利になったり、国の不利になることは、隠したいというなんでもかんでもそういうあれじゃないですかね。ハルビンって。

　　　歴史というものはやっぱり正しく残してもらいたいと思う。事実、あったことはあった、無い事は無い、ということで、別に理由と言うものは、私はないですよ。

越さんにとっての731部隊

ディレクター：ズバリ、越さんにとって731部隊とは、なんだったんですか？

越　：私も、入った当時は、731部隊がこういうことをやっているということは知らないで、入ったんですよね。ノモンハン事変で負傷して、ハルビンの陸軍病院に入って、下士官、将校みんな部屋は別なんだけれど、731部隊の幹部、憲兵隊、特務機関といったような連中と一緒の部屋にいたわけですよね。それで、うちの部隊に来れば、要するに、召集もないし、家族も持てるし、官舎ももらえるしという好条件があったから、私も昔の幹部候補って言うのには志願しなかったで

すよね。２年目に伍長になってしまったけれど。それで、すぐ予備役編入と同時に、731部隊に入ったんだけど、そういう実情については全然聞いてなかった。入ってみて、えらいとこ、入っちゃったなぁと思ってね。だから、こういうことをやっているから、うちの部隊へ来ないかとか、そういうことはなかったし、入るまで全然わからなかった。731部隊のやっていることというのは。私の今言っていることはほんの一部ですけどね。わからなかった。入ってみて、これはえらいとこに入っちゃったなぁ。そうかと言って、あの時分には、身分調査もうるさいし、もうやめることはできない。悪いこと知ったもんだから、もう生かして返さないぞっていうようなもんでね。731部隊に入って、途中で辞めて帰ってくるわけにはいかない。そのために兵隊はいなかった。兵隊というのは関東軍でも３年たてば満期しちゃうから、もう俺がやったことはこういうことをやったと秘密が全部ばれちゃうから兵隊を使わなかった。全部軍属にしたわけ。それで、共産系の人間は全然入れなかったしね。兄弟に共産党がいるとか、そういうような家族の人は全然入れなかった。身分調査は厳しかったね。

問い：越さんにとって、この人生の中で731部隊で過ごした日々というのは、今考えてみると何でしたか？

越　：今、考えてみれば、なんだねぇ。戦時中のことだしね。考えてみると、無我夢中だったね。あの時分は。それと同時にすべてが陛下のため、陛下のためでやってきたからね。陛下の名前を出せって言ったって、パッと不動の姿勢をとらなければ、何できないんだものね。それで友軍の飛行機でも731部隊の上空を飛べなかったんですよ。それで、東条なんかよく来たことがありますけれどもね、新京まで飛行機で来て、731部隊の飛行機が新京まで行ってね、迎えに行って、731部隊の滑走路へ着く、滑走路から本部までといったって、小一里あるわけですよ。滑走路長いから。その間、私も乗せたことありますけれどもね。飛行機でさえも、731部隊の上空は飛べなかったですね。あれだけのことやっといて、上の人が知らないなんて絶対にないんだからね。それでね、化兵手当て、特別化兵手当て、危険手当てっていうやつ、それが約倍になったんですよね。給料は、金は。

問い：731部隊に入ってからですね？

越　：ええ、入ってから。だから、普通のところの約倍ですね。それで、１か月50円という金は使い切れなかったね。米の１俵が４斗ですか、

60kg、あれが15円で買えたからね。羊かんが10銭、サイダーが10銭、ビールが10何銭、酒が1升2円、砂糖が1kg55銭だったかなぁ。そんなもんで買えたですよ。だから、『悪魔の飽食』に、「飽食」って書いてあるけど、食べ物は何でもありましたね。731部隊には。だけれど、こういううまいもの食べた、こうだなんていう手紙は一切書くななんて言われてね。それで、内地に出す手紙には全然、そういうことは書けないし、送ってもやれないし。それで、あの当時に、内地に帰る場合には、塩1升持って帰れと、なんて言ってね。それで塩を1升、私、内地に、昭和17年帰った時、持って帰ったけど。タバコだって1箱20本入り、4銭ぐらいで買えたんだからね。それで、普通民間じゃ、なかなか買えなくて、満人部落なんか行って、4銭のタバコ一つやれば、卵の30ぐらいもらえるもんね。

問い：やはり、そういう危険なことをしていたから、それだけのお金は…

越　：それは、危険手当てはね。

問い：普通よりも多かった？

越　：ええ、そういうことですね。

ディレクター：越さん、もしもですね、731部隊というところに入るという経験がなかったら、今頃人生は変わっていたと思いますか？

越　：これはね、もう、ものすごく変わってましたね。変わってるし、私も、今、おそらく生きていないと思いますよ。あの時分にね、現役終わって、帰って、おそらく2月、3月しないうちにすぐに召集でしょう。だからもうねぇ。

　おそらく南方へ飛んでってるか、こっちへ飛んでってるかわからない。731部隊にいたから、官舎もらって、家族持ってあそこに、仕事だけはそんなような仕事をしたけど、他の人がいたから、何とかかんとかいたけど、私らの同年兵なんていうのは、おそらく、もう生きていないですよね。私、今、75だけど生きているのはほとんど何人もいないですよ。だから考えようによっては、あんなことをしてきても、よくこれ、今の歳まで達者でいるなぁと思って、自分でも、よく考えることあるけどね。

問い：はい、どうもありがとうございました。

■ 質疑応答

質問：越さんのお話の中で、国がこれを無かった事にしようとずっと隠そうとしていて、今、裁判で戦っている皆さんのお姿を見ていますが、越さんのご家族、あるいは越さんに妨害など、その後の周辺の様子というか、何か嫌な問題などあったかどうか、わかったら教えてください。

近藤：このインタビューの反響はどっちか言うと、外国のメディアの反応が大きかったですね。韓国からすぐ取材に来ましたし、中国のCCTVやアメリカからも来ましたけれども、日本ではほかの局で追随した取材は無かったようです。これは92年の取材ですが、ちょうどこの頃、いわゆる右翼の妨害とか、集会に対する嫌がらせとかありました。80年代には、森村誠一さんが『悪魔の飽食』のせいで、自宅の表門に豚の血を塗りたくられたとか、嫌がらせの電話があったりとかあったりしましたけれども、92、3年頃から無くなり、せいぜい街宣車がきて、集会所の表でがなったりするくらいで妨害はありませんでした。

　越さん自身は、追い込まれるような嫌な思いをするようなことは無かったと思います。ですから、地元の長野のいろんな集会に出て、証言されたりするようになりました。

質問：731部隊については、私も、森村誠一さんの本を読んだ記憶があります。アジア侵略、もちろん中国侵略で731部隊が、この時代に国家政策としてこういうことが行われた背景というのは、戦略としてどういうふうにあるんでしょうか。その辺を教えていただきたいんですが。

近藤：実はそれを示す、膨大な資料、日本に返還された文書、記録があるはずなのですが、アメリカは押収したそれらを日本政府に返したと明言してますが、日本側は返還された4万件ある文書の中にそれらしきものは見つからない、調査中だという一点張りで、現在までそういう記録が出てきてません。ですから、はっきりとした細菌兵器の開発、細菌戦の研究について国家戦略の背景にあったものはどういうものかということは、研究的に見ると、ほとんどわかっていないというのが現状です。せいぜい、アメリカに渡っていた記録、日本政府の記録、アメリカがやった日本帝国政府情報公開法で開示された資料にいくつかありますけれども。

国内でも、例えば参謀の井本熊男日誌をかつては開示していました。しかし、参謀の業務日誌であるにもかかわらず、プライバシーに差し障ると言って封印してしまい、防衛省は現在開示していませんし、今後の研究課題としては、非常に大きなテーマですが、はっきりしないままの状態というのが現状です。

質問：越さんの話は全部、自分で見て聞いた話なんでしょうか。というのは、越さんが車に乗っててやられたというんですけれども、実験の一般のように注射したとか、そういうことがあるんでしょうか。そこの区別が映像でわからなかったのですが、ご自分でやったことと、ほかから聞いてこうだったことと、混ざっているような気がしたんですけれども、そこはどうなんでしょうか。

近藤：おっしゃる通り、実はない混ぜになっています。はっきり言われている部分と自分が傍観者として、たまたま目撃したという事実については、すごくはっきりと話をされてますけれども。

　このあと、私は何度も何度も、越さんに会って話を聞いたり、別の関係者、関連者、その場にいた関係者に問い合わせて、つじつまを合わせてみると、実は越さんが自分で手を染めた部分については、この時も語っていらっしゃらない。それはこのインタビューの時に家族がまわりにいたということもあるんですね。このインタビューをやった夜に、こちらからも声をかけておいたのですが、私たちが泊まっている旅館に言い足りない部分を話したいと言ってわざわざ来られました。顔を写していいかとたずねると、放映するときには相談してほしいけれども、一応全部話すから記録するなら記録してくれと言うんで、ビデオは遠めに回しました。どんな話かというと、越さんが書かれた『日の丸は紅い泪に』という本にもあるので言いますが、安達（アンダー）の実験場に4.5tのトラックで30人のマルタを運んでいくんですけれども、たまたまこの時の実験は、中央に爆弾を爆発させるようにして、5m、10mの同心円上に杭を打って、その杭にマルタを縛り付けるんですね。中央で細菌弾を爆発させて、感染率を調べたりするわけですけれども、この時30人を杭に縛ったのですが1人逃げ出すんですね。それが、ほかのも助けて30人のマルタが逃げ出した騒ぎが暴動のようになりました。それをトラックの助手席に乗っていた憲兵と越さん2人がトラックで追いかけて、30人全員をトラックで踏み潰したという件があるんです。そのことを懺悔するように一部始終話したいという

気持ちがあって、旅館に訪ねてこられて、それを微に入り細に渡って細かく話をされました。

　そういう事実関係がほかにもいくつかありました。それをここだけの話と言って聞かせていただくということがかなりありました。

質問：話の中で、越さん自身の子供が亡くなり、他にも 20 名ぐらい隊員が亡くなりましたが、それは家族も含めますか。もし家族も含めたら、大体何人くらいで、どういうような死亡状況だったんでしょうか。

近藤：いろんな菌を扱っている隊員が感染する例が多いですが、その感染した隊員から家族にも移ったという例もあります。大体は隊員なんです。越さんが言っている年間 20 人ぐらいというのは隊員の数ですが、この隊員たちは、自分たちが感染したら解剖されても構いませんという一札を入隊の時に取られていまして、越さんなんかも一筆そういうのを書いて入れてるんです。実際、感染して死亡した隊員は解剖されているんです。話にもありましたが、63 棟という大講堂で年に 1 度、日本人の業務感染者（業務中に部隊内で伝染病に感染してしまうことを業務感染と呼んでいた）の慰霊のために、慰霊祭が行われるのですが、そこで動物と無名の霊というのがマルタの霊ですけれども、慰霊祭をやってます。

　あまり知られていませんが、業務感染は、日本にいる家族へ業務感染したと石井隊長名ですぐに危篤の電報がいったり、亡くなると、親しかった看護婦だとかいろいろな隊員の書いた追悼文集がまとめられたりして、今に残っています。

2015 年 6 月 13 日ビデオ学習会　731 部隊員の証言シリーズ／第 1 回
初出：NPO 法人 731 資料センター 会報 第 13 号 （2015 年 10 月 16 日発行）

越定男さんの証言②

（1992 年 4 月 25 日、取材班の宿泊所にて取材）

──────証言ビデオ──────

〔　〕は編者注

近藤：マルタを運ぶ特別車の構造はどうだったのですか？

越　：構造はね、冷蔵庫の付いた車がありますね。こういう四角な、あの型と同じような、上の方には軍のシートをかぶせてあるんです。普通のトラックのこのくらいのところまでシートをかけたものと同じようになるんです。中は全然見えません。シートをかぶせてありますから。ちょうど冷蔵庫みたいな車の上に。中は、畳を後ろまで敷いて、真ん中は排気暖房が通っています。夏は下で切り替えたりすると、そこは通らないわけです。冬になったら、真ん中に暖房が通るようになっています。それから上に換気扇式の空気抜けがあるわけです。それが車内に六つあるわけです。それから運転台の後ろに階段が中に畳んでありまして、パタッと降りるわけです。外からは全然わからない。そうです。そこから乗り降りするのです。中はフローリングになっています。だから一つの部屋ですね。勿論窓はないです。運転台でスイッチを入れると、中の灯が点く訳です。トラックですから運転席の後ろに鉄棒が入っている窓があります。だから後ろを振り返ってパチッとスイッチを入れると 2 灯の裸電球ついて、中が全部見えるわけです。

　車は、ダッチブラザーズという車です。アメリカのゼネラルモーターズ社製の車です。色は国防色です。

　トラックには、上から幌をかけているから、中の鉄板も何も見えないのです。車のナンバーは、10 枚ぐらいあって差し替えができるのです。だから、同じ自動車が、出たり入ったりすることはわからない

わけです。ナンバーを入れ替えていますから。

近藤：中で、ドンドン、ドンドン叩いたら外へ聞こえないですか？

越　：聞こえないですね。外側が鉄板ですから。鉄板と幌の間がこれくらいありますから。

近藤：最大限でどのくらい乗りますか？

越　：最大は45人ぐらい乗りますね。

近藤：その位、乗せたことはありますか？

越　：ええ、ありますね。車は4トン半ですね。昔は、4トン半という車が多くてね。車としては相当大きいですよ。それでタイヤは今は無いけど、326というのを使っていましたね。これくらいの太い奴ですね。社名はダッチ。馬力はあの当時だから85～100ぐらいしかなかったのではないですかね。

　　　……あれは大連で改造したんですね。731部隊の大連出張所で。その車が終戦時には3台になりましたね。

近藤：3台もあったんですか？

越　：ええ、3台あるわけですね。同じのが2台、後からはフォードが1台入って来て、運転台の後ろに警備員が乗るようになりました。だから後からのは、多くは乗れないけど、警備員が乗れるわけです。今一つ脇に入って、それからボディーになりますからね。

近藤：それは中で座るんですか？

越　：ええ、そうです。

近藤：中で、そのまま後ろを向いて、座るんですか

越　：ええ、だから後から入って来た奴（車）は、小さいけど、警備員が乗れるようになっているんですね。フォード1台だけですよね。それもやはり大連で。

近藤：中は、立って歩けるんですね。

越　：高さは充分ありますよ。立ってもまだ天井に手が届かないですから。ええ、でかい箱型ですから。

近藤：今の冷凍車みたいなものですか？

越　：冷凍車みたいなものですね。横からパチッと階段が出てね。

近藤：いつ頃から使っていたんですかね？

越　：あれは、初めからですよ。

近藤：向こうに行かれた時にはあったんですか？

越　：もう、ありましたね。それで隊長と言ったって、年中車で出てゆ

きませんからね。〔越さんは石井部隊長の専属の運転手もしていた〕、向こうに行って、その間に、今の特別車で、私らやったんです。

近藤：「マルタを運んで来い」という指示は、どこから出るんですか？

越　：あれはね、まず憲兵室にいくのです。それで憲兵が車庫に来るわけですよ。それから一緒に載って車庫から出るのです。憲兵も憲兵服ではないですよ。普通の満人の服を着て、拳銃一つ持っているだけです。

近藤：憲兵が指示を受けて。

越　：ええ、指示を受けて、それで憲兵と一緒に行くわけですね。

近藤：部隊に憲兵は何人いましたか？

越　：３人いましたね。ずっと３名ですね。

近藤：鷹取〔総憲兵准尉〕さん、高田さんと…

越　：それから、中山〔太郎憲兵軍曹〕というのと、それで３人ですね、終戦時は。

　　　中山というのは軍曹ですよ。高田というのは伍長、鷹取というのは曹長です。

近藤：終戦時に脱走したという人は？

越　：沢田という人です。

近藤：なんで逃げたんですか？

越　：おそらく、終戦で負けるということはわかっていたんですね。勿論、憲兵なんかはやり玉にあがっちゃいますからね。そんな関係で、満語なんかも上手だし、普通向こうの服を着ていれば、全然わかりませんからね。だから恐らく、塵芥に入っちゃったと思いますね。

近藤：大体、もらい受け先は、ハルビンの日本領事館の…？

越　：領事館、それから憲兵隊本部、特務機関、鉄道警護隊。

近藤：え？

越　：鉄道警護隊というのがあるのです。満鉄の中に。その鉄道警護隊内に施設があるんですね。だから直接は731部隊は来ないけれど、今の憲兵室に一応全部入れますね。それを受領に行くわけでね。特務機関も同じですね。

近藤：あそこの領事館の地下なんかというのは？

越　：あれは、領事館は臨時ですね。あそこでもって、置いといて、食事をさせたり、そこに泊めたりということではなくて、一時、連れていくやつをあそこで、保留しといて、それでうちの部隊の方へ連絡が

あって、それから取りに行くのです。

近藤：たまり場みたいな？

越　：そうですね、たまり場みたいなものですね。あれは、普通軍医が
　　　やるのであれば、ああいうことをしちゃいけないですね。本当は。だ
　　　から、ちょうど民間でいう、あの当時の特高警察みたいなものじゃな
　　　いですかね。とっ捕まったら最後、本当に。

近藤：抵抗はしないですか？

越　：抵抗はしないですね。抵抗できないですね。鎖はこのぐらいに来
　　　るまでの長さですね。（股の部分を指さす）足は皮がむけるから、そこ
　　　だけ布を巻いて。歩く時は、こうやって歩く。

近藤：足かせ？

越　：ええ、足かせですね。それでオイル鉄板でこういう風にしてここ
　　　に鎖がつくんですが、ここにピンを入れて、つぶしちゃうから全然取
　　　れないですね。

水野：領事館の壁に直径５㎝ぐらいの円筒形の筒みたいなものが、突き
　　　出ていまして、向こうの人に聞くとそれが取り調べの時の拷問の器具
　　　だというんですが？

近藤：マルタをぶら下げるための、鉄の杭みたいなものなんですが。

越　：拷問かける場合ね。私らがちょいちょい見たのはね、６尺コウ
　　　シャっていうのがありますね。あれに手をこういう風にして下に手錠
　　　をかけると手が上がらないですね。天井に向けて（仰向けに）。ハン
　　　カチを１枚かけて置いて、やかんで水を入れると、吸い込むときには、
　　　グーと吸い込むけど、出す事が出来ないので、やかんの水をいくらで
　　　も飲んじゃうから、腹がこんなになっちゃう。そんなような拷問だっ
　　　たわね。まあ、いろいろあるけどね。あれなんかやかんの水で腹がボ
　　　ンボンになっちゃうよね。

水野：憲兵隊なんかでやっているんですか？

越　：憲兵隊なんかでやるよね。

近藤：もらい受けに行くと渡す方は誰がいるんですか？　憲兵ですか？

越　：ええ、向こうは皆憲兵ですね。全部憲兵ですね。憲兵の制服はみ
　　　んな着ていないですよ。満人の服を着たりね。だからちょっと見ても
　　　わからないですよ。階級も何もわからないね。

近藤：何か書類を持ってくるのですか？

越　：書類なんかは持って歩かないですね。

近藤：受領したとかそういうことで、判を押すとかそういうことはない
　　　ですか？

越　：そういうことはないね。それで連れてきた奴を特別班に渡せば、
　　　今日は何名と出る時からわかっているのですね。

近藤：誰が、運んできたかは分からないですね。

越　：分からないですね。誰が運んできたのかも全然残らないですね。

水野：領事館なり、公使館内で、スパイや工作員を受け取る段階で、そ
　　　の人間の名前とか出身地とかは一切分からないのですか？

越　：そう、一切分からない。分からないけれども、それは履歴に残っ
　　　ているわけですね。それはわかっているけれども、受け取ってくると
　　　きには分からない。

水野：運んでいても、これが蒙古人なのか朝鮮人なのか、中国人なのか
　　　は姿形で判断するだけですか？

越　：そうですね。私らはね。私らは、分からないわ。

近藤：会話はないのですか？

越　：会話は恐らく無いね。余分な話はできないから。必要以外のこと
　　　は全然話せないからね。

近藤：引き取りに行くときには通訳はいないのですね。

越　：引き取る時は、通訳はいないですね。間には通訳がいますね。

近藤：受け渡したりするときには？

越　：通訳生というのと通訳官、通訳官は高等官待遇ですね。ここの伊
　　　那（長野県）から来ている春日〔仲一〕という通訳官がいましたが、
　　　この人は中国語のほうの通訳、それからロシア語の通訳や各国の通訳
　　　がいるわけです。

近藤：部隊にいたのですか？

越　：ええ、部隊にいました。官舎もおそらく近くだしね。

水野：受け取る時には、もうマルタそのものはもう肉体的に拷問の後と
　　　か、疲労困憊している状態ですか？

越　：そういうのは見られないですね。

水野：健康な状態？

越　：ええ、健康な状態ですね。

水野：それは精神的にもですか？

越　：ええ、一度、ドイツ人だという女の人を２人運んだことがあるけ
　　　どね、話をしてもちょっとわからないしね。

近藤：ドイツ人までいたんですか？

水野：当然、受け取る時に彼らはどこに連れて行かれるか分からないですね？

越　：それは分からないですね。

水野：取り調べの状況の中で、そういう施設に送り込むんだとかの恫喝があるわけではない？

越　：おそらく、どこへ連れていかれるか分からないですね。それで、12班〔特別班＝看守〕の連中の服装というのはモーゼル（銃）を下げて、このぐらいの棍棒ですよね、ちょうど背の丈ぐらいの。全員棒を持っていますよね。

近藤：警官が持っているような。

越　：ええ、あの長い奴をね。

近藤：もらって帰ってくると、誰に渡すんですか？

越　：12班へ渡すんです。特別班へ渡す。ちゃんと出迎えていますよ。車を着ければ。

近藤：どっから入るんですか、ロ号棟の？

越　：私らはね、表からは全然入れないですよ。裏からですよ。

近藤：裏っていうのは、北側ですか？

越　：こういう風にロ号棟がありますね。こっちが玄関ですね。こっちの裏から入るんです。だからハルビンの方からずっと来て、こういう道路がありますけれどね、ここから入って、ここに内地の扉がありまして、ここの通路の所に着けますと、パッと中へ入れちゃいますね。

近藤：ロ号棟の裏側から入るんですね。

越　：ええ、そうです。そして、私らは、安達から寒い時に、零下30度から40度もある時に、夜中に乗せて飛んでくることもあるんだね、それで風呂が沸いてましてね、風呂はよく入りましたね。中に入って行ってね。

近藤：ロ号棟に風呂があるんですか？

越　：ありますね。職員の入るやつがね。

水野：マルタの搬送作業は、いろいろ限定されていて、かなり神経を使うと思うのですが、例えば人の眼に付かないように、夜ばっかり運ぶとかそういうことですか？

越　：それは、ないですね。車そのものが、そういうあれになっていますからね。夜運ぶということは滅多にないですね。ほとんど昼間です

48

ね。

近藤：着ているものをポトポト落としたというのは何ですか？

越　：あれはね、安達から、試験した後のマルタを乗せたことがあるんですよ。そしたら防寒帽から何からみんなね、バタバタと落としていってね、それで後ろの警備の車が何を落としたんだと言って、自分の被っている防寒帽をトイレの穴から捨てたんですね。トイレの穴は小さいんですよ。こんなもんしかないんですね。それが車外に出るようになっているんですよね。

近藤：トイレも付いているんですか？

越　：一番後ろに、トイレが付いているんです。洋式のトイレでね。

近藤：それは、下に…。

越　：ええ、そうですね。途中にあれがあるけれど、そこから捨てたものですね。そんなことがありましたよ。雪が降っている時でね。

近藤：自分たちが運ばれていることを知らせようと思ったのでしょうね？

越　：どういう理由なんですかね？　それで、車の中に落書きなんかしてありましたよ。「火車」などと「火の車」と書いてあって、内地では汽車に注意だとか、踏切の所に書いてありますね。向こうは中国語で言うと、「小さな心の火の車」と書いて、「小心火車」と言うのですね。それが踏切注意ですよ。それで中に火の車ってありましたよ。それで時々車の中を消毒することがあるんですよ。それでえらく鼻疽菌だとか炭疽菌だとかと言って、肝油みたいなものは効かないんですよ、消毒は。消毒液の中へ浸かってても、30分から1時間ぐらい経っても効果ないんですよね。肝油みたいのが殻の中に入っていて、それが中に浸透しないんですね。そういうのは消毒できないし、怖いし、そういうような車を使った場合は、車を焼いちゃうのですね。もったいないけど。特別車焼いちゃうのですよ。焼いて消毒するのですね。だから、今の3台はあるけど、いずれの時、またそういう方法を取るかもしれない。それで1台ではないのですね。だから間には消防車ね、部隊の中の消防、消防も完備していますね。消防車と特別車とそれから普通のトラックがあるのですね。それと隊長車と、これだけ持っているわけですね。それで人員は3人ぐらいしかいないのですよね。平房の本部には。それから南棟、3部の方には、運輸班の本部がありまして、大体人員が30人ぐらいいますよ。

水野：ちょっと話が戻りますけれども、特務機関から12班が受け取って、受け取ってすぐ7号棟、8号棟入れちゃう？

越　：ええそうですね。独房に入れちゃうわけです。

水野：いきなり入れちゃう？

越　：ええ、いきなり入れちゃうわけですね。ハルビンから運んでくるときには、身上調査だとか、みんなできているわけですよ。いろんな関係。年齢がいくつで、どこどこの出身で、職業はとか、それによって恐らく逮捕したんですからね。全部できているわけですね。

近藤：入る前から手錠・足かせですか？

越　：足かせはやっていないです。隊へ入ってからね。だからそれまでは大体腰ひもですよね。ここへずっと回して。合流する場合には数珠つなぎでね。

近藤：ワーワー騒ぎもしないのですか？

越　：騒がないですね。全然騒がないですね。おとなしいですよ。

水野：個人差はあるんでしょうけれども、731に送られてくるっていう人は、特務機関や憲兵隊に逮捕されてから、どのくらいの期間を経てくるんでしょうか？

越　：それはちょっと分からないですね。私がうちの隊へ入って来たのはちょうど三月（みつき）かかっていますね。途中で捕まえて、憲兵隊へ引き渡しているからね。

水野：三か月。

越　：三か月かかっていましたね。

近藤：ハルビンにあった保護院では、受け取りは無かったのですか？

越　：忠霊塔のそばに、一つのものがあったんだけど、私はそこへは行ったことはなかったね。

　　　それで、下里さん〔森村誠一『悪魔の飽食』の共同作業者〕にもそんなことを言われたけれども、私も何遍となく、731部隊の特別車を運転したけど、そこには行ったことはないし。

近藤：子どもたちの学校に通う車の運転をしたというのは？

越　：あれは南棟ですね。本部じゃないのです。官舎の方はみな家族持ちですからね。そしてハルビンに学校があるわけですよ。そこの学校へ学生バスって言ってね。朝と、終わった時間に連れてくるやつがあるし、本部の方ではね。それから郵便車と言って、郵便事業に行ったりして本部に持ってくるものも全部トラックですよね。それからあち

こち移動したり、演習で使うのもトラックだしね。

水野：トラックとうかがいましたが、幌の付いた車は、郵便車なんかでも同じですか？

越　：他のはそんなことはないのです。だから３台あっただけですね。

近藤：マルタ運びと言うのは、どの位の率でやるのですか？　毎日ではないでしょ？

越　：大体３日に１度は、5, 6人は運んでいましたね。どんな日もね。

近藤：１日１回？

越　：毎日は無いけれど、大体１日おきぐらいですね。

近藤：忙しいですね？

越　：忙しいですよ。隊長は、もう行けば、帰りまで用は無いですね。用がある時には、他の連中にさせるしね。それで、今のハルビンの隊長の官舎から、本部迄あの当時、本当に飛ばして20分かかりましたね。どうしても20分かかる。6里はありましたね。吉林街38号〔隊長官舎〕から。

近藤：マルタと話したことは全然ないのですか？

越　：あります。運動させる場合があるんですよ。間にね。自動車から降ろして。

近藤：運んでくる途中で？

越　：部隊の12班に一度入って、演習で連れていく場合があるんですね。試験する時。それで車から降ろして、天気のいい時とかの場合には、車外で運動させたり、深呼吸させる場合があるんですね。そういった場合には話ができるわけですね。だから通訳を通じてね、だからみんなわかるわけですよね。「お前何のためにここの部隊に来たのか？」なんて聞いてね。「私は非常に本を書くのが好きでね。それで本を書いたところが、特務機関に来てくれということで、出頭したら、そのままこっちへ来た」ということでね。「来た事は家族も知らない」ということですからね。だから当然もう、裁判にもかけられていないしね、だからマルタはインテリが多かったですね。

近藤：乱暴な奴はあんまりいないのですか？

越　：乱暴な奴は乱暴な奴でいるんですよね。

近藤：いるんですか。

越　：八路軍の兵隊だとかね、そんなの入っていましたよ。

近藤：何か頼まれることはないんですか？

越　：そういうことは全然ないですね。だから私らも護身術を随分やり
　　ましたよ。だから両手でね、しっかり押さえても、力もいらないでさっ
　　と抜けます。例えば両手でしっかりと掴まえますね。これはちょっと
　　抜けないですよね。その場合には自分の手を持って、これで抜けるわ
　　けですね。こういう方法だとか、あるいは、人を押える時には、こう
　　いう場合に手を入れちゃうと絶対抜けないのです。これを握っちゃう
　　と。これはどんなに引っ張ろうと何しようが絶対抜けない。暴れた場
　　合には、ちょっとやると指が入ってますからね、こうやってやると絶
　　対抜けない。それから瞬間的に押える場合には、ここを押えるんです
　　ね。〔袖口当たり〕手を持ったら駄目です。片手で持った場合には、親
　　指の方へ持って行けば絶対抜けるのです。どんなに力を入れようがね。
　　ポッと抜けるんです。そんなような事とか、一発で倒すこととか、一
　　発で倒れますよ。私は 75 になってね、どんな若い連中が来ても、一
　　発でいきます。

近藤：どこをやるんですか？

越　：これは水月を狙うんですね。人間の体は、32 か所急所があるわ
　　けですよ。天倒から人中からね、水月、釣鐘って言った具合にね。そ
　　れで人と争いなどする場合は、一歩半離れろと言うんですね。それで
　　近づいたら、また退けと、というようなことで、いろいろな柔道でも
　　空手でもそうだけれども、そんなようなことをやらせられましたね。
　　体力的にはロシア人には絶対かなわないですよ。腕はなんて言ったっ
　　てこのぐらいありますからね。赤黒い毛穴がツンツンしているような
　　腕でね、背の丈でも 6 尺ぐらいありますから。それで兵士などにか
　　けている手錠なんてかからないですよ。太いから。特殊のですね。だ
　　からそういうのを相手にしているから、いろんな護身術やらも、ずい
　　ぶん習わせられましたよ。

近藤：実際に襲われたことなんかもあるんですか？

越　：中にあるんですよ。そういうことは。弱いところ見せると駄目で
　　すね。だけど足錠がかかっていますからね。だから体に寄ってきた途
　　端に、手が伸びれば負けですね。パッシッと引っかけますからね。そ
　　んなような方法だとか、いろいろな方法をやらせられましたね。

水野：例えば送っていきますね。その時は、ロ号棟の中まで行って渡す
　　のですか？

越　：もう、入口に来ています。

水野：中まで送っていくわけではないのですね。

越　：中まで送って行かないです。だから、私らの場合は、何遍ともなく行って、演習も一緒にやってきているからね、普通なら許可証も見たりするんだけれども、外来の人では12班へは誰も入れないんですよ。こんな話をすれば、そんなこと普通の人に聞けば、そんなことは嘘だよ。12班へ入れるわけがないだろうとこう言われますよ。私らの場合は、散々そういう中を一緒にやって来たからね。私の所に手紙が来た中には、知ったかぶりをしてそんなことが書いてあるけど、12班なんかへは入れる道理がないじゃないかというようなことが書いてありましたけどね。私らは入れたですね。

近藤：7棟、8棟に何人ぐらいいるんですか？

越　：大体、100人ぐらいいましたね、マルタは。

近藤：いや、12班は？

越　：ええとねぇ、20人ぐらいですかね。20人ぐらい。それもおそらくみんな千葉県の人達ですよ。石井隊長の身内だとか、

水野：いつも拳銃携行ですか？

越　：拳銃は年中ね。拳銃は年中付けているわけです。拳銃と棍棒ですね。モーゼルの10連発ですよね。

　　10発、装填ガチャっとするんだけど、弾が大きいですよね。この位ありますよね。モーゼルの弾。それで手入れする時に、1発残るんですよ。一番最後の弾が。だからよく暴発するんで、手入れしても絶対上向けても、人に向けるなということでしたね。満州の鉄道警護隊だとか満鉄あたりの拳銃は全部モーゼルを使っていますね。

近藤：何口径ぐらいですか？

越　：あれはね、何口径ぐらいありますかね？　ちょうどこの小指の頭位ありますよ、弾は。照尺ね、柄をつけるとこうやって撃てるんだけど、約4kmぐらい照尺が上がるんです。あれは4キロまで飛ぶ・・・〔聴き取れず〕だから普通に撃ったって、こうやって片方の手で持っていないとガーンと（衝撃が）来ますよ。よく当たりますね。普通憲兵の持っているのは14年式で、あれは全然違うんですね。カバーのこういう風になったやつ。今のモーゼルはペチャッとしていますよね。

水野：警棒とモーゼルを絶えず携行していることは、ある種、ロ号棟の囚人に対する威圧で、現実に使うことは？

越　：使うなんていうことは、恐らく無いですね。それで、10人も20

人もまとめて殺すことは無いからね。

近藤：マルタを受け取りに行く時も（拳銃は）携行するんですか？

越　：受け取りに行くときには、私服ですから、持っては行くけれども、見せないですね。あの時分、拳銃なんていったって、普通の拳銃なら45円ぐらいで買えましたね。ピストル1丁、45円。

水野：ひと月の月給位（731部隊の）ですね。

越　：そうですね。それで、94式なんて言って、俗に終戦時にもろ手の奴が出来たけど、あれだって50円くらいのもんでしょう。私ら、被服手当をもらうんですが、夏服が18円で出来るんです。冬服は大体40円位、外套も40円位、略帽が2円。

水野：略帽？

越　：俗に言う戦闘帽、あれが2円ですよね。それは、被服手当でもらうから、だから金で全部買う訳ですね。

近藤：マルタは、その時の私服のまま？

越　：補給はするけどね。着てきたのをほとんど着ていますよ。一番問題は、足掛けしているから、洗濯する時大変なんですよ。脱げないから。入浴なんかは年中入れさせますけど、ああいう寒い所で、3時間ぐらい外へ出しておくと、みんな死んじゃうんです。冷たくて寒いから。零下40度もあるところへ。夏でも、下はじゃりじゃりアイスクリームのように凍っていますよね。下が融けないうちにまた凍りだすわけです。1年12か月、9か月が寒いのですよ。3か月で内地で咲く桜の花から秋の桔梗の花まで全部咲いちゃうのです。5月、6月、7月までにそっくり咲いちゃいますね。

　　　9月に、私はノモンハン事変で出たのだけれども、停戦協定が9月20日なんですよ、夏服のまま動員で出ましてね、補給が利かないから、もう服が油となんでもって、ビニールでも体にくっついているようにあったかみが無いですね。それで9月に入ればバリンバリンに氷が張るんですね。チチハルからホロンバイル、ハルハ川、ノモンハンまで着くと。だから冬なんか戦争できないですよね。だから川中島合戦の上杉と武田の様なもんで、雪なんか降っているから戦争にならないから、停戦でやめて、又暖かくなったらやろうと。だから1年中の花が3か月の間に全部咲いちゃうね。

水野：そういうマイナス40度、50度という気候条件の中で、細菌を培養したり、実験したりするのは、かなりの装置がなければできないで

すね。

越　：できないですよね。保管しておく場合でも。だから実際にものす
　　　ごく作って貯蔵しておくっていう訳にもいかないのです。ペスト菌で
　　　も柄沢少佐の班では 70 kg 位生産しているんですよね。目に見えなく
　　　てあれだけのものを 70 kg なんていうものは莫大なるものですよ。

水野：ロ号棟の中も全部暖房が？

越　：全部暖房です。官舎から何から全部スチーム暖房ですよ。我々住
　　　んでいる官舎から何から。入浴〔設備〕もあるしね、各棟に。だから
　　　官舎なんかよく出来ていますよ。スチームでもって一部屋一部屋きち
　　　んとなっていてね、あの当時にトイレも全部水洗になっていますし、
　　　それで壁の厚みも 1m 位あるんじゃないですかね。だから内地に帰っ
　　　て来て、建物を見ると、建物がバラック建てのような気がしますね。
　　　それと汽車が大きいのね。汽車の下を見ると向こう側まで見られます
　　　よね。汽車が大きくて。
　　　　こっちは 2 人掛けでしょ。3 人掛けしたってゆっくり寝られる。間
　　　だってこんなにありますもんね。

水野：壁が厚いというのは、保温ですか？

越　：保温ですね。

水野：官舎でそうだったら、731 部隊の本部のロ号棟の壁もすごかった
　　　んですね。

越　：ええ、そうですね。

水野：本部や官舎そうだったら、保温だけではなくそれプラス保安とい
　　　う意味が入ってきますね。

越　：そうですね。

水野：建築構造としてはすごいですね。

越　：だからボイラー室もたいしたもので、あれが全部の官舎へダーッ
　　　とやってるわけね。だからよく私も悪戯したもので、入っているパイ
　　　プをガスのたまっている時に、外しまして、それにコックをつけて、
　　　こうやって水を入れると、カワワワといって、18 リッター位の缶に
　　　水がものの 2 分もかからないうちに熱湯になっちゃいますね。

近藤：動物班は、動物をどの程度飼っていたのですか？

越　：いろいろな動物を飼っていましたね。石井中将の兄貴〔石井剛男〕
　　　の方が、動物班の隊長なんかをやっていたんだよね。

近藤：ラクダまでいる。

越　：いろんなものを飼っていましたね。それからネズミを飼ったりね。あれ、民間でもってあのネズミを買い集めたことがありますよ。

水野：今のネズミの大きさではないのですね。ものすごくでかいですね。

越　：でかいですね。ネズミの種類も100通りぐらいもありますよ。ネズミ飼ったり、シラミも飼っていた。発疹チフスの研究でね。

水野：ロ号棟のマルタと顔なじみになることはないのですか？　そんな時間的余裕もなく、死んでいくのですか？

越　：そうですね。会話なんかは必要以外には、全然できないですね。

水野：中には1年とか、1年半とか…

越　：一番問題なのは、言葉が全然通じないということですね。我々は悪い言葉なんかはすぐ覚えますけどね。普通の民間人とはいろいろな会話はできるけど、ああ云ったところでは会話はできないわね。

近藤：領事館なんかにしても、積み込むとき、ばれそうな感じがしますが、そうではないのですか？

越　：あれは、地下室から乗せちゃうからね。

近藤：え、地下室から乗せちゃうのですか？　車は地下に入るんですか？

越　：ええ、入ります。外から下り坂になっていてね、大体地下といっても、半地下だからこういう窓が上の所にあって、だから車はいくらでも入りますね。領事館や大使館の中は、建物が大きいから。

水野：領事館というのは、特務機関の本部がある交差点の角にあった建物ですね。

越　：駅から降りて真っすぐ坂を上って行くと、中央寺院がちょうど真ん中にあって、この通りを大直街と言ったんですね。途中の右側にあります。領事館は。日本領事館ね。今の中央寺院行く手前の右側です。

水野：越さんの本に出てくる白樺寮というのは、裏に小学校がありました？

越　：小学校というか、あの辺で小学校というと花園小学

ハルビンの中央寺院前で、石井部隊長の専用車とともにカメラに収まる越定男さん

（左）白樺寮　（右）白樺寮の地下

　校。あれはマンジャコウ〔馬家溝〕ですね。

水野：それは白樺小学校ってついていましたか？

越　：ついていない。

近藤：白樺寮の裏側。

越　：ついていないですね。

近藤：日本領事館の所が花園小学校なんですね？

越　：花園小学校というのは、私が写真を撮った中央寺院の所から石畳になっていましてね、ずーっと坂になっているのですよ。そして公園があるんですよ。公園の隣が花園小学校なんです。あの通りです。そこをずっと行くと昔の忠霊塔があるんです。忠霊塔の前を通ってずっと行くと731部隊に行くのです。だからマンジャコウという所にあったんですね。

水野：白樺寮というのは、ちょうど四つ角ですか。旅館になっているという。

越　：ええ、丁度、四つ角ですね。裏が広くて、私ら行った時分には、1階が食堂になっていたのです。私は、白樺寮の2階に、半年ばかり独身の時にいたことがあるんです。

水野：あれは半地下になっていませんか？

越　：半地下になっています。裏が広くて、自動車の置く場所がないもんで、裏が広かったのであそこへ自動車を置いたのです。白樺寮というのは大直街でもって、あっちの方から731部隊に行くのと道路が2本あるのです。ハルビンから平房に行く間に。

水野：白樺寮というのは特務機関と近かったですか？

越　：ええ、近いですね。

水野：もう、すぐ

越　：ええ、すぐですね。だから石井隊長の家からすぐですよ。白樺寮というのは角です。今の旅館になっている所です。あと白桃寮という寮があるんですよ。それは3部の中に、診療班がありまして、あの当時に北海道から来た看護婦が、60人位入っていましたね。私ら数をもらうんで、普通独身者は入れないんだけれども、特別に入ったことあるんですよ。そこに行ったことがあるんですがね、偶数日と偶数日じゃない日は、看護婦と代わりばんこに地下の風呂に入るんですよ。そうすると時間がずれちゃって一緒になっちゃってね。婦長だって言ったって、60位の婦長がいましたよ。

近藤：京都からハガキが来たオオツキさんという人はどこにいた人なんですか？

越　：総務のタイピストをやっていたんです。管轄は篠原と云う中尉の下で働いていたんです。

近藤：篠原岩助？

越　：おとなしい人でね。

近藤：総務の人なんですか？

越　：そうですね。総務課長をやっている人ですね。相当年配の人ですね。

近藤：妊娠して…

越　：ええ、結局、妊娠してそんな関係でもって殺されちゃったんですよね。

水野：妊娠したっていうのは、隊内での恋愛ですかね。

越　：そうですね、恋愛というかね、強引じゃないですかね。独身の将校だから。

近藤：男も分かっていたんですか？

越　：分かってます。だけど戦時中だし、みんな重要ポストについてやっているから。

水野：それは、独身者同士？

越　：そうですね。100部隊の将校が、731部隊へ来て、それでマルタが無いもんで、高等官宿舎へ入って、普通将校の場合、当番兵というのが靴下などを洗濯したりするわけですね。これは当番で付くのだけれども。731部隊にはそういうのがいないから、それでそのタイピストを付けたのですね。そういう関係でなったのですね。だから死因については分からないといってきているけど、そういう事なんですね。一時話題になったんですよ。その弟さんからのハガキですよ。あれは

だいぶ前に来たんだけれども。私は分かっておったけれども、まあよく分からないということで、返事は出したんだけれども。

近藤：男の将校の方はお咎めなし？

越　：お咎めなし。

水野：仲間が恋愛をしてても、妊娠していたので、そこまで追い込まれたのですか？

越　：独身だからね。

水野：独身同士で恋愛してて…

越　：恋愛かなんだかそれは分からないけどね。

近藤：産まずに？

越　：戦時中は出来なかったんだろうね。

近藤：女性側は、お咎めがあって、殺されたことははっきりしているのですか？

越　：はっきりしていますね。

近藤：処刑？　どうするんですか？

越　：家にも、そういう話が無かったんでしょうね。弟さんのハガキを見ればね。

近藤：そういう場合ってどうすんですかね？　まさかマルタと同じように…

越　：それは言えない。

近藤：銃殺とか？

越　：普通の部隊ではいろいろ問題になるけどね。これは研究部隊だし、あの時分ではみんな重要人物ばっかりだから、通夜もできなかったんだと思う。

近藤：そういうのだと、銃殺だとか、女性の殺され方はどうだったのですか？

越　：当然、軍法会議に回ってね、処罰は受けるでしょうね。

近藤：そういう処罰は、普通はどうするんですか？　毒物でやるんですか？

越　：それも、実際に、殺したのか、本人が飲んだのか、庶務にいたんじゃ、勝手に手に入らないですからね。研究班にでもいれば、女は研究班には入らなかったけど、そういう毒物なんかは簡単に手に入るわけではないからね。そして部隊で解剖したら、そういう結果になったのです。

近藤：妊娠していたって。ああ、そういうことだったのですか。

水野：解剖して分かった。

越　：解剖して分かったのです。大体我々の死んだ場合には、解剖されても結構だという一札を入れるんですね。だからどんな死に方をしても全部解剖されます。731部隊の場合は。

近藤：看護婦さんで、業務感染した人がやはり解剖になった。

越　：全部解剖ですね。

水野：それは入隊の時なんですか？

越　：入る時にね。

水野：それを承諾できないと入隊できないのですか？

越　：出来ないですね。

水野：その段階で、この部隊では、大体何をやっているか分かりますよね。

越　：入ってみれば、分かりますね。ただ言えないだけで。

近藤：ああ、そうか、100部隊の将校に手籠めにあって犯されたが、女性にはお咎めがあって、解剖したら妊娠してたと。そういう事なんですか。不始末をしでかしたということで、そんなに厳しいのですかね？

越　：なかなか。

水野：ということは、隊員同士の結婚というのはあり得なかったのですか？

越　：隊員同士の結婚というのはありましたね。

近藤：100部隊の人は何で問題になっちゃったんですか？

越　：どういうもんですかね。

近藤：そのことが発覚しちゃったんですか？

越　：発覚したんですね。

近藤：評判になっちゃったわけですか？

越　：評判になったというか、私ら分かりましたね。

近藤：100部隊が、731部隊にマルタをもらいに来る時にマルタも。

越　：マルタはどこへも出さないわけですよ。731部隊で研究する時には、研究所で使うけど、731部隊のマルタを他の部隊にやるなんていうことは全然ないわけです。

水野：ああ、そういうもんですか。

近藤：え、その将校は何しに来ていたのですか、100部隊から？

越　：ガスの研究ですね。

水野：100部隊から派遣されて731部隊に出張しているということですか？

越　：そうですね。出張将校ですね。

近藤：100部隊は動物だけだと思ったら、向こうでも〔人体実験を〕やっ
　　　ているのですね。

越　：やっている。

近藤：石井部隊長とは、どういう人柄ですか？

越　：まず、一番感じることは、ワンマンですね。それで下の者には良
　　　かったですね。だけど、佐官級の連中には、なかなかきつかったよう
　　　ですね。だから我々の事なんかはもう…

近藤：気が短いとか長いとかは？

越　：気が短い所はあるでしょうね。

水野：北野〔2代目隊長〕さんから石井四郎に替る時、隊員の士気とか、
　　　隊員の部隊長に対する評価は、北野と石井とではどう違いますか？

越　：その当時は分からなかったですね。北野少将は、なかなか学術的
　　　な人で、気立てとしては、北野少将は温厚な方だよね。

近藤：学者肌だったですね。

越　：学者肌だったですね。

水野：北野とか石井は、毒ガス実験とか生体実験に率先して立ち会った
　　　のですか？

越　：実験には年中立ち会いましたね。だから私らマルタを下ろしとい
　　　て、隊長もマルタとは一緒に乗っては行かなかったけど行きました。
　　　普通の車では入っていけないんですよ。チャンバー〔ガス実験室〕の
　　　所まで行くのは、普通の車だと車の底が地面にあたって、行けないの
　　　です。草も生えていて、だいぶ左右に揺れるんです。

　当会の第13回ビデオ学習会（2015年6月13日開催）でも、越定男さんをやりましたけれども、その時は番組用に取材したもので、器材もきちんとしておりました。

　今回のビデオで、遠くでボソボソ聞いているのは、カメラマンです。音声の器材も不備だったものですから、こういうことになってしまいました。本当に残念です。

　器材が変わったというのは、第13回の時と同じ日に取材をしているのですが、1回目の時は越さんのお宅で、TBSの番組用に取材したものでした。ただ、奥さんとか、娘さん、息子さんたち家族が、取材風景が珍しいのと、戦争中の父親の秘話が聞けるのとで、じっと見ている前だったので、そういう場面で、マルタの解剖の話だとかは、越さんも出来かねたのでしょうね。上っ面の返事しかなくて、ちゃんとしたインタビューにはなりませんでした。

　そこで、帰りに交渉して、我々が泊まっていた近くの温泉の旅館に越さん一人に来てもらうように段取って、さりげなく再挑戦したものです。なるべく大仰にならぬよう食事を一緒にしながらの取材だったもので、非常に不備なものになってしまいました。

　それで、冒頭に話をしていましたのは、冷凍庫のようなトラックの話、あれは越さんが運転手をしていたマルタの運搬用のトラックの話です。

　冷凍庫のような、鉄板で四方を囲まれていまして、床は畳敷きで、裸電球が2個付いている。4.5トンのダッチブラザース製のトラックだった。

　それを安東洪次が所長をやっていて、ワクチンなんかを作っていた731部隊の大連の出張所で改造したということです。

　荷台の部分を改造したのでしょうね、畳敷きで窓は無くて、シートを被せました、今のインタビューにはなかったのですが、鉄製の箱の上から、国防色のシートを被せて、窓に見せかけて、ビニールをそれ風に貼り付けていました。車のナンバープレートも、10枚ぐらいあって、番号もいろいろで、出入り用の為に差し替えが利くようになっていて、身元がばれないようにしたという話でした。

　45人乗れて、トイレも車内にありました。トイレは穴があって筒があって、それが外に出ているという仕組みになっていた。そこから防寒帽を落とされ

たので困ったと言っていました。

　運ばれていく途中で、いろいろなものをトイレの穴から外に落として、目印にしたかったのでしょうね。運ばれていく道筋に印を落としていた。

　それから２台の冷凍庫のようなトラックの他に、終戦間際にもう１台フォード製のトラックが増えました。運転席の後ろの荷台の方に、警備員が乗って、収容者のマルタの方を向いて坐る形になったということです。

　それまでのダッチブラザース社製のトラックは、運転席の鉄牢が付いている小さな小窓から後ろを振り返ってマルタの様子を見ていたということです。

　越さんは、第３部の運輸班の運転手でした。第３部では、マルタの運搬とか隊員の子どもの通学の送り迎えをやっていました。ハルビン女学院に通う女生徒なんかを平房からハルビン迄送り迎えしました。又、郵便物や荷物を平房・ハルビン間に運ぶ車の運転や、石井四郎隊長の専用車の運転をやっていました。

　それから731部隊から安達実験場へのマルタを車に載せての往復の運転もしていました。実験用のマルタを安達に運んで、実験した後の被爆したマルタたちを運ぶ運転などもしていました。

　もう一つの運輸班は総務部にありました。この学習会でも前にお話しした鈴木進さんは総務部の運輸班にいました。そちらは建築資材とかの運搬をやっていました。731部隊の建築中はかなり忙しかったそうですが、その後は、その場の御用聞きみたいな形で、いろいろ使われていました。

　特移扱の仕組みとハルビンまでのお話ですが、マルタがどういう仕組みで731部隊に運ばれていくのか、その手続きはどうだったのかについてお話します。

　越さんの話では途中で書類の受け渡しなんか無かったと言っていましたが、実際にはありました。歴としたきちっとした手続きの書類が必要で、捕まえたマルタを各地方の憲兵隊で、特移扱にしようとする時は、許可申請書というものを作ります。そこに、マルタの罪状を詳しく書いて、同じものを３通作ります。

　その３通を新京の関東憲兵隊の司令部に送ります。この被疑者を、特移扱にしたいが許可してもらえるかという書面です。その書類は、最初は総務部に行き、次に警務部に行きます。ハバロフスクの公判記録は日本語版では公判書類となっていますが、その公判書類では、総務部は庶務部に、警務部は刑事部になっていますが、正しくは総務部、警務部です。大まかに言って

も、特移扱の仕組みの一番重要な責任担当者は、警務部長です。警務部長が一番の実権を握っています。

　警務部に防諜班というのがあります。そこで特移扱にすべきかどうかの内容を吟味します。そこで検討して、これこれの理由で特移扱とすべしと結論が出たところで、トップの司令官の所へ回って、判子をもらいます。司令官の判子の欄には、大体はサインがしてあります。

　マルタの1人に劉恩という人がいます。劉恩に関する特移扱の書類をご紹介します。

　東安の方に偏っているので、東安憲兵隊のものが多いのですが、憲兵隊が終戦で逃亡する時に、残していった書類です。ソ連側が最初に見つけ、そのあと中国が見つけます。埋めてあったのか、隠匿したのか、それともそういう状態で逃亡したのか、そこはよくわかりません。

　そこに残っていた書類の中で、档案館（とうあんかん）が整理した後、日本のABC企画委員会と黒竜江省の档案館とでこの特移扱の罪業証明に相当する証拠書類を出版しました。出版された本の中の劉恩に関する書類を順番にピックアップしてみました。

　次頁写真は、劉恩に関する最初の書類で、「逆用諜者劉恩取り調べ状況に関する件」というタイトルです。

　「取調べ状況に関する件」というのは、大体最初に被疑者に対して取調べ状況の記録という形のものが多いです。こういう罪を犯したスパイを調べたらこういうことが判明したという罪状の述べてある書類です。

　これが最初に作られて、虎林（牡丹江の東先のもう河を挟んでロシア側にある町）で起きた事件で捕まった劉恩ですが、逆スパイ（捕まって、釈放した形をとって、日本の憲兵隊の為のスパイ活動をさせる）として、活動していたのが、中国側のスパイに戻ったので"特移扱とすべし"という結論になる人物です。

　次に第2次抑留諜者容疑者名簿東安憲兵隊の一覧表です。留置しているものの第2次のグループで、これには劉恩の名前は載っていないです。

　ここに上がっている虎林分隊に抑留されている他の者は逐次抑留の予定也ということで、劉恩は載っていません。

　次の資料は、劉恩が捕まった事件の書類です。これは別表記載になっていて、別表の方には、8月6日からあり、8月7日には、司令官の命令書の電報です。関東憲兵隊の司令官から東安の事件を担当している東安憲兵隊隊長

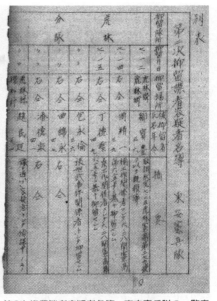

「逆用諜者劉恩取り調べ状況に関する件」　　　第2次抑留諜者容疑者名簿　東安憲兵隊の一覧表

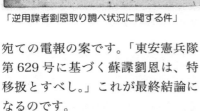

宛ての電報の案です。「東安憲兵隊
第629号に基づく蘇諜劉恩は、特
移扱とすべし。」これが最終結論に
なるのです。
　この電報が打たれた2日後に、
またこの事件に関する新たな書類が
できます。劉生潔以下、特移扱にす
ると。この流れを見ていくと、そそ
くさとした感じがあります。この頃、
東安憲兵隊は、この事件でてんてこ
まいになっているのです。電報が本
当に打たれて具体的に受け渡しの手
続きが示されている電報が、次の資
料（次頁）です。

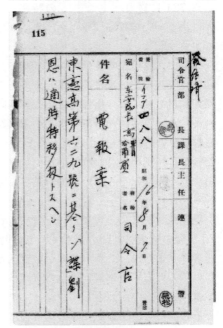

昭和16年8月7日 電報案

"特移扱にすべし"という司令官の電報をもらった東安の憲兵隊長は、"劉恩は、8月11日6時36分ハルビン着の列車にて特移扱せしむ"とこの日付の時間にハルビン到着の列車で送ったという電報です。電報を打ったのは関東憲兵隊の司令部、ハルビン隊、東安隊の3か所です。

"ハルビン憲兵隊に於いては、配慮の上、受領相成りたし"と最終的に劉恩の書類が残っているのは8月11日18時30分のこのハルビン憲兵隊本部のものです。

ハルビンに着いた劉恩を、東安分隊の下士官以下2名で、ハルビンから731に送りました。この特移扱に決まった容疑者（マルタ）は、みんな書類上は、ハルビンの憲兵隊宛てです。

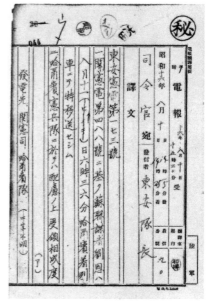

昭和16年8月10日の電報

ハルビン憲兵隊の駐屯場が、ハルビン駅の一部にあって、ハルビン駅を正面に見て一番左の端にありました。そこで、送ってきた憲兵隊員とハルビン憲兵隊員もしくは、事件を扱った憲兵隊の所属員が、受け取ることになっていました。憲兵隊司令部やよその憲兵が関与するのはそこまでで、そこに送られてきた容疑者を、今度はハルビンから平房の731部隊まで運ぶのに使ったのが、特別車と言われているマルタを運ぶ冷凍庫の様なトラックだったのです。その運転をしていたのが越さんでした。

現在残されている書類上の記録で、はっきりしているのは昭和13年1月26日発の関東憲兵隊の発令で、この時に特移扱の規定が初めて各憲兵隊に通達されました。こういう細かい書式とか仕組みで特移扱の規定はこうなっているのだという通達が憲兵隊の全国末端まで行き渡ったのが、昭和13年です。一番古い記録として分かっているものになります。

その前にも、関東憲兵隊の司令官だった植田謙吉が集まって特移扱の仕組みを作ろうと会議をやっています。それに関しては、伝聞的な記録はある

劉恩が731に送られた記録

のですが、きちんとした文書が出てきていません。そこから始まったと言われています。

特移扱というのは、憲兵隊の機構ですけれども、必ずしもマルタとして中国やロシアの人達が被害者となって、731部隊に送られたのは憲兵隊ではありません。他にもマルタを731部隊に送る組織があって、一つは満洲国警察の通称「分室」と言われたところです。満州国の治安部の中に保安局と言うのが設置されて、満洲国の治安を維持するための組織ですが、実際は秘密警察のような諜報工作もしていました。分室員が誰なのかも、同じ満洲国の治安部の中でも横の連絡は取らなかった。普段は銀行員であったり、一般のごくありふれた生活を送っていたりしましたが、実は諜報工作をしていた。その連中が、捕まえた中国やロシアの人間をマルタとして、731部隊へ送ることもあったのです。

ロシアのハバロフスク裁判関係で現在残っている記録の中に、満洲国の「分室」が、どういう位置にあって、どこと横の連絡が組織的にあったとかの大きな図表があります。撮影だけはしてきました。いずれかの機会に、ご覧いただくと思います。

それから、通称「保護院」と言っていた組織があって、元々はハルビン市の市公署からハルビン特務機関に移管された設備で、ロシア人の捕虜の容疑者を拘留して、そこから731部隊にマルタとして送るという経路もありました。

終戦の時に部隊を破壊して、マルタを惨殺して逃げますが、その時に、保護院に留置していたロシア人の150人の捕虜たちを731部隊に送りつけて、そこで殺して、焼いて、松花江に投げ捨てたということが、ハバロフスクの裁判記録の資料に書いてあります。

この時の保護院の院長とか副院長をしていた人物は、ロシア側に通じていたロシア関係の工作にふさわしい人物でしたが、その中に実は外語大の先生

がいました。戦後もそうだったので、外語大のロシアの関係の人は、731部隊の取材がものすごく難しいのです。ある時期、緘口令を敷かれて、ハルビンの保護院の事を一切しゃべることまかりならんというお達しがあったとかなかったとかいうことで、90年代初め頃は、この保護院の取材がしにくかったですね。

　ハルビンの保護院というのは、ハルビンの特務機関の特調部とか、科学研究部だとかいう名目の組織を中に作って、それを保護院と称していたのですね。

　それから、先ほどの分室も秘密の留置場を持っていて、キタイスカヤの中央大街というハルビンの繁華街にありました。中央大街は、旧ロシアの匂いが強い、ロシア系の住民たちが多い所です。そこに「濱江省松花塾」と言うものがありました。表向きは塾ですが、分かっている人物は、皆“ハルビン監獄”という呼び方をしていたそうです。

　分室にも所属していた組織で緑いん学院と言うのがありまして、44年の3月から開校していた学校で、内地の陸軍中野学校のいろいろな教育に範をとって、同じようなロシア向けの工作員の養成をしていた、訓練もしていた組織も分室の中にありました。

　次回の越さんの証言ビデオは、越さんが目撃し体験した「丸太」の運搬、野外での人体実験、毒ガス実験、隊長車で間近に見た石井四郎の人柄等を生々しく語っているのものを解説する予定です。

~~~~~~~~~~~~~~~~~~~~~~~~~~~~~~~~~~~~~~

■ 質疑応答

質問：越さんの証言にドイツ人のマルタの話がありましたが、ドイツ人のマルタは初めて聞いたのですが、本当にいたのでしょうか。

近藤：それを確認する前に、越さんは亡くなられてしまったのでわかりません。越さんの話にしか出てきません。

　ベラルーシの人がマルタにされていた資料があったので、その人が越さんの言うドイツ人ではないかという話もありました。吉林省の档案館の書類に、ベラルーシ出身の人が書かれていて、この人かなと思ったけれども、それ以上のことは結局わかりませんでした。

質問:「マルタ」という言葉は、731部隊で初めから使われていた言葉なのか、それとも別の所で使われていた言葉なのですか。

近藤:これまでの731関連の当時の記録だとか資料だとかに登場しませんのでわかりません。これは、材木の"丸太"なのかそれもはっきりしません。材料と言う意味で「マルタ」と使っている感じはあります。1本、2本と数えて、「今日、2本使っちゃった」とか、特別班（ロ号棟の中のマルタの監獄の看守をやっていた。千葉県出身の石井の親族も含まれている。別名12班。千葉班）では、もう既に、「マルタ」とか「なん本」とか数えたりという話としては残っています。そういう人たちが記録したものには出てこないです。

　戦後、森村さんが『悪魔の飽食』の時に取材した所やいろんな環境では、言葉としては出てきています。いつから誰が使い始めたかについてはわかりません。

　「特移扱」というのは、記録に出てきます。特に憲兵隊関係の資料には、「特移扱にすべし」と司令官までが使っています。

質問:資料にある吉房虎雄の話だと、「9年間の間に4000人が虐殺された」とありますが、この"吉房虎雄"とはどのような人ですか。

近藤:吉房は面白い人物で、私も長らく調べています。終戦で吉房は、ロシアに抑留され、ハバロフスク裁判にも、証人として実際に名が挙がっています。

　裁判の事前の段階で、吉房の尋問調書はかなりあり、相当重要なことを知っているのです。関東憲兵隊の司令部で特移扱を扱っていた警務部の第3課長をやっていました。

　この特移扱の資料「東憲高第683号」の上の判子の課長の欄に吉房とあります。吉房はロシアでかなりの事を話しています。本人は証人扱いで、起訴はされていません。ロシアに抑留されていた戦犯容疑者の中で、"中国が相手だ"という捕虜969人は、中国へ渡されます。ロシア相手の日本人捕虜じゃなくて、中国への戦犯容疑者だという969人が昭和25年、ロシアから中国へ引き渡されます。その中にも吉房はいました。その引き渡された後、日本へ帰って来て、皆さん中帰連を作るわけです。その中帰連の中にも吉房は入ってきます。中帰連の運動をするのと同じ頃に、『三光』という本が出版されますが、その中の1章を吉房は書いています。その

中に関東軍司令官の植田謙吉とか、東条英機などが集まって特移扱のシステムを確立しようと会議をやったという証言はあります。まだ、調べ切れていないですが、吉房についてはかなりの資料があります。吉房は、三次のあたりの出身だったと思います。〔本籍は長崎県諫早市、現住所山口県湯田町〕

2020 年 9 月 25 日ビデオ学習会　731 部隊員の証言シリーズ／第 29 回
初出：NPO 法人 731 資料センター 会報 第 35 号 （2021 年 2 月 19 日発行）
※ 731 部隊員の証言シリーズの回数は途中で変更、第 29 回はビデオ学習会の回数

元 731 部隊　総務部調査課写真班

徳留一男さんの証言

1918（大正 7）年 3 月 15 日生まれ。
1938 年産業組合（現在の農協）の書記に従事。
1939 年 3 月 1 日付で徴兵、関東軍独立守備第 7 大隊に
　　入営、新京陸軍病院に衛生兵として配属。
1942 年教官でレントゲン室主任であった小舘美實大尉
　　の誘いを受け、共に 731 部隊に入隊。

　証言シリーズ 11 回目は徳留一男さんのインタビューです。私も何度も説得に行って、当初ずっと長い間拒否されて、応じていただけなかったのです。と言いますのは、この方は、731 部隊で写真班員だったのですが、戦後、娘さんが、ある有名な巨大な写真企業の奥さんになりまして、その関係があって、絶対拒否だっていう感じだったんですが、何とかようやく話をしていただき、何回も会ううちに「一杯やるか」という話になって、段々親しくなるにしたがって、くわしく内情を話していただけるようになりました。

　この方は、そもそも応召する前は、農協に勤めていらして、農協で書記をしていた。徴兵で、1939 年(昭和 14 年)関東軍独立 7 大隊、新京ですけれども、そこへ入営することになって、3 か月歩兵訓練を受けて、それで新京の陸軍病院に衛生兵として配属になったという方です。大正 7 年生まれ、終戦の時には 27 歳でした。本人は徴兵逃れをしたいために、衛生兵として入隊したらしいです。

　新京の陸軍院に、衛生兵として配属されている時に、そこの上官で、教官であったレントゲン室の主任である小舘美實（おだてよしみ）という大尉がいました。その小舘美實が昭和 17 年に 731 部隊に写真班の班長として配属されていく事になって、その時に部下であったこの徳留さんに「一緒に来ないか、なかなか待遇のいい部隊だぞ」と声がかかって、一緒に行ったのが入隊のきっかけでした。写真班は、731 部隊の総務部の調査課の組織で、そこに所属することになりました。

　実際には何回も会って、何本もビデオを撮らせて頂いて、インタビューをしているんですが、1 時間ぐらいを編集してみました。まずそれをご覧頂きたいと思います。

〔　〕は編者注

近藤：（図面を示しながら）これがですね、この辺ですね。ここにちょっ
　　と見えているのが、この2棟のこの辺なんです。

徳留：2棟の建物は、もう無かったですか。

近藤：あります。

徳留：ありました。これは、なんかの建物の跡らしいが。

近藤：ここに、こう囲ってあっただけなんですよ。

徳留：ああそうですか、建物は当時ないかな。

近藤：ここの隊長室はそのままでしたね。2棟はここまであるんですけ
　　ど、ここまでで壊れちゃっているんですよ。

徳留：ああそうですか、爆発の時、壊れちゃったんですね。

近藤：これです。これがですね、裏から撮った写真。ここ壁が消えてま
　　すね。これが本当はロ号棟の方までいってた。

徳留：そうかもね。

近藤：こっち側がロ号棟なんです。ここから先はもう無いんです。

徳留：2階もあったかね。1階はあったけど、2階もロ号棟まで続いて
　　いたかも知れない。

昔の煙突は、このまま残っていたのですか。

近藤：ええ、これなんか焼却場だって言うんですけど。

徳留：焼却場…この建物のこちらの方にいわゆる解剖室は残っていまし
　　たか。

近藤：残ってないです。

徳留：残ってなかった。一回現場見ようと思っているんだが、一回行っ
　　てみたいなと思って。

近藤：そうですね、その機会があったらご案内しますよ。

徳留：はい、連れてってください。1人では行く気しないから。

近藤：これが、動物飼育室だというのですが。

徳留：でしょうね。裏のがね。動物班じゃ。

近藤：動物班、床がこんな風になっているんですけど。

徳留：これ、ネズミ〔を入れるん〕ですよ。ハツカネズミね。満州全土から、ネズミを集めた。それは白ネズミじゃない、普通のネズミ。そんなのをここに入れといた。終いにはそれが集まらなくて、二十日鼠、小さい鼠、あれを飼育していた。

近藤：この中で？

徳留：この中で。ここに入れるのは、まだペスト菌なんかを持っていない、普通のネズミ。

近藤：これが、吉村班の…

徳留：こっちが壊れているから、よくわからんな。凍傷実験して、ひどい目に合わせたところですよ。吉村氏が。

近藤：？

徳留：吉村氏がひどいことをした所ですよ。

近藤：お書きになった本〔『[真相] 石井細菌戦部隊』郡司陽子編〕の中に、「指がとうとう無くなっちゃったなあ」という話が出てきますね。あれ、本人笑っていたということですけど、どういうことですか。

徳留：もう、あきらめていた。もう治っているから痛くはないしね、もう俺はいつ死んでもいいんだとあきらめているんですよ。

近藤：はあ、そこは黒くなっちゃっているんですか。

徳留：ここから、もう切れているんですよ。老化してポリポリ折れるんですよ。その分は取ってしまって、ここから先は指が無くて、ここから先ですよ。両方とも。

近藤：水に漬けて、中庭に出して、寒風にさらしといてという話をよく聞きますけど、そうやったんですか。

徳留：それは、そうです。水に漬ける場合もあるしね、零下何度の中に入れる場合もあるし、あるいは裸にしてね、零下何度の所に何時間生きていられるかと、そういう実験をやった。

近藤：それを、ここでやったんですか。

徳留：ここで。吉村班、実験は全部吉村班ですよ。

近藤：ここ、零下何度みたいにできる施設なんですか。

徳留：いや、それは外ですよ。この辺は一般の人は入らない所だから。中にも手を漬けるとかね、電線で今何度何度と温度Ｃを測るでしょう。記録してね、何度でどうなる、老化する、そしてまた出しますね、何時間であるいは何日で、折れるとかね、腐るとかそういう実験した。

近藤：電線入れるんですか。

徳留：いや、温度を測るための電線。指の温度を測らなくちゃダメでしょ。今何度か。温度を測るための線を入れてあるわけ。

近藤：それみんなここでやったんですか。

徳留：ここで、吉村班ですよ。それをやるのは吉村班。

近藤：そういうマルタはどうなっちゃうのですか。指がなくなると。

徳留：勿論、死ぬんですよ。まあ、少々の傷は別な〔実験〕のに使えるから、ペストの実験をやったりして。安達に連れてって。使い物にならないのは結局、死ぬんですよ。早く死んだほうがいいですよ。生きているとひどい目に遭うから。

近藤：マルタは1本、2本と数えていましたか。

徳留：1本、2本。普通の会社じゃないから、1本、2本と言わんけれども、特別班を12班と言いますけれども、それは看守の事。特別班員というのは看守のことですよ。その人たちは、憲兵がよそからからマルタを集めてくると、「今日何本連れてきたぞ」というだけで、私は、1本、2本と数えもしないし、又、言う必要もない。12班の人が数えた言葉ですよ。1本、2本というのは。

近藤：あれは、入ってくるとまずレントゲン写真を撮るんだそうですね。

徳留：はい、そうです。まず、民間服だけれども、中国人の普通の服装ですよ。囚人服じゃない。それを着て、ここ〔胸〕に墨でね、番号を書くんですよ。4桁の番号。

近藤：体に？

徳留：体に。それはそれ用のその人の名前。番号が。1500番とかね、そしてそんな番号を付けて、7棟の2階のそこでレントゲンを撮る、そしてその番号がレントゲンには出ないから、レントゲン写真の下に同じ番号を入れるんですね。それで番号を書いて、レントゲン写真を撮って、現像するまでが私の仕事。それで、番号は最初から決まっているわけじゃなくて、来たらその次何番だと、だから私が付けた名前が、そのまま名前になっている。マルタの名前。

近藤：それは、入ってきた順ですか。

徳留：うん、入ってきた順。

近藤：それ、100番から始まったという話ですね。

徳留：はい、私が行った時には、もう700番ぐらいになっていたから、4桁でしょ、4桁にするために最初の100番以下は必要なかったわけ。それで、段々撮っていって、昭和17年頃まででしょうかねぇ。1500

番になったと。1500番というと、後にバレた時ね、マルタを何本使ったかバレた時、いかんから、もう1回最初からやり直せという事で、それで1500番来たら、そこで止めて、又、101番からこう付けて行った。それで帰ってくるときに、ちょうど、終戦の当時ですよ、1500番になる前だったから、もう1400何番だったでしょうね。それが最後。だから最初の1500人、後の1500人で約3000人という事になりますね。そのマルタはね。人数は。そんなにして数えられるから、ずっと順番の番号でいったら、何も果たすことは出来ない。バレるようなことはするんじゃなかったけれども、都合悪いから、又、入れ直せと。

近藤：それ、誰の指示だったのですか。

徳留：誰の指示だったのかな。

近藤：そうですか、それじゃ、書類上は全部その番号でいく。

徳留：番号でいく。ずっと数えたら、これは何番ね、そうすると何番はちゃんと履歴がある。胸部はどうだったかとかね、体重はいくらとか、ずっとカルテみたいのがあるわけ。それを見て。

近藤：それは、何処に保存してあるんですか。

徳留：それは、各研究所〔室〕が持っていたんでしょ。ペストやるところはペスト班で。凍傷やるところは凍傷班で。それで凍傷の写真も撮りますね。全部番号を見て写真を撮る。番号で上からパチッと撮る。番号でいく。

近藤：そのマルタの番号で。

徳留：マルタの番号。最初入って来た時の墨で書かれた番号ですよ。何もかもその番号で。

近藤：服はどういうもんですか。

徳留：こんなねえ、中国人がよく着ているでしょ。中国の紺色の服。小袖の長いアレ。中国人の服。

近藤：揃いですか。みんな揃いですか。

徳留：揃い。ロシア人も一緒。

近藤：女性もそれですか。

徳留：女性も同じでしょう。別に派手な服じゃなかったですよ。まあ、似たような中国服にも女性服ってありますからね。あんなもんだったですよ。

近藤：履物は。

徳留：履物は、男ははだしですよ。もう外に出る事無いから、裸足。廊

下はコンクリだけれども、全部はだし。別に履物は無い。

近藤：女性のマルタをあんまり見たことが無いですか。

徳留：いや、しょっちゅう見た。7棟の1階の入り口にいたから。それは、開放の時だったですよね。別に外には出られないけれども、中をあちこちしたり、12班の看守たちが、いろんなことをさせたりね、ロシア人の親子、お母さんは7棟で、6歳の女の子、中国人1人、3人一緒の部屋だから。そのうち、会釈してね、向こうから会釈するの。女のマルタは何人もいたというのは嘘ですよ。3人しかいなかった。

近藤：ああ、そうですか。

徳留：3人。

近藤：秋元班の人が、編み物をしていたと

徳留：そういう女の人おったですよ。その人は暇があれば編み物を毛糸でね。

近藤：そこを、自由に出入りできたんですか。女性たちは。

徳留：7棟は1階ですからね。こうやって8棟の中廊下があって、7棟の部屋の中だけではね、こっちの炊事場行ったり、お茶を汲みに行ったり、この中だけは自由です。別に女性の部屋は鍵をかけるわけではないし、男の方は鍵をかけるんですよ。これは鍵をかけないで自由です。

近藤：その女性は何に使ったんですか。結局、実験は。

徳留：恐らく、何に使ったのかなあ、いろんなことを森村〔誠一〕さんも書いているけど、恐らくそんな実験には使ってないんじゃないかと、私は昭和20年7月までは、そっち行ってたから、だから何に使われたことも無くて、いい人だったですよ。

近藤：ああ、3人とも。

徳留：3人とも、その時まで…

近藤：石橋〔直方〕さんという隊員の方が、化粧品をこっそりあげたことがあるということですがね。

徳留：ああ、そうですか。

近藤：で、ナターシャっていう名前だったって言うんですよね。

徳留：そのロシア人の名前が。名前は覚えんけど。まあ、名前言ったかもしれんが、私は囚人としょっちゅう話をしたのは、男と。その時、名前を聞いても、名前を言うと、それは「いつ名前を聞いた」とか、もうそれは、軍隊のなんや刑務所ですよ。そんなのは。私はしょっちゅ

う話を聞いて名前も知ってますけど、そんな話を聞いたとかね…・写真も、中へ入って、レントゲンを撮る時は別だが、いろんな解剖の写真撮るでしょう。それから7・8棟の中でもいろんな実験をしてましたから、それはしょっちゅう写真を撮るわけではないし、暇が多かったですよ。暇が。その暇の間に、これ一つの囚人小屋ですよね。廊下がこっちとこっち通ってね、こっちは表通り、こっちは裏通りで狭い廊下。これは部屋へと続いているんですよ。こっちの方はあまり看守が付かない。こっちだとね、しょっちゅう看守が通るから、「何している」と言われるから、こっちは話は出来ない。それでこっちは広いドアがあってね、小さなのぞき窓があるだけ、そこからこうやって話をするのですよね。それで長くしゃがんでいると足が疲れるもんだから、こっちから腰掛を持ってきてね、腰かけて話をするの。

近藤：はあ、じゃあ徳留さんたちは、割合に自由に出入りが出来たんですね。通行証は見せたのですか。

徳留：身分証が出るわけね。写真付きで。いちいち、看守に見せるわけだけれども、もう写真なんか見せなくても分かっているから、「ハイ！」って、出すだけで、もうしまう。そんな、難しい事やんない。

近藤：もう、12班の人たちとは、ほとんど顔見知りになっている。

徳留：もう、全部顔見知りですよ。

近藤：青柳雄さんとかですね、覚えが無いですか。

徳留：もう、ほとんど忘れた。

近藤：石井マサオさんとかですね、萩原タケオ、平山カンイチ、佐久間、小倉、…覚えのある人は無いですか。

徳留：無いですね。12班は千葉の石井部隊長の郷里から連れてきた。身内というか同じ部落の人。

近藤：これが、7棟、8棟の絵らしいですけど。

徳留：階段ね、監視、こうだったでしょうなあ。

近藤：今言った…

徳留：これが、裏、これが中廊下、八角堂…これは何処だか知らんけれども、ここがレントゲン室ね、これが風呂場だったですが。

近藤：2階へ上がるにはここからですか。

徳留：ここから。

近藤：ここにのぞき窓と書いてありますけれど。

徳留：そう、のぞき窓。各部屋にのぞき窓が付いているんですよ。下か

(3) 徳留一男さんの証言

77

らね。ここはドア、出たり、やったりマルタをさせるから。

近藤：ここは、どうなっているんですか。

徳留：これは、ガラスの窓があってね、中腰のガラス窓。

近藤：ああこれガラスなんですか、こっちは。

徳留：それで、マルタの暴動があった時にね、看守は、1回にドアが開かないように、ここでドア止めてあるんですね。看守は、何かここを開けてね、マルタがいたかどうか知らんが、そしたら、中のごつい奴が、押し倒したんだよ、看守を。その看守は、拳銃を持っていて、それは取られなかったが、その棒が無ければね、ドア開けると、半分でドア止まるようにしてあるから、ここで止まった。開くとそれは拳銃でやられたけど。そして、こっち側でしたね。ここに部屋が、何処の部屋かは、とにかくここにあったのをもう中にみんな看守も逃げてきた下へ。

近藤：ああ、2階で起きたんですか、暴動は。

徳留：2階、そして梯子をかけて、ここからね。梯子をかけて看守が何かしていた。私も下にいたからね。そして小川通訳生が来て、「静かにしろ」とか何とか一生懸命言いよった。
　　　そこまで見た。そして後には毒ガスで全部殺した。その毒ガスがね、外の通りまで漏れてね、毒ガスで殺されたという騒ぎになった。その時ね、12班の看守2〜3人いますから、その人たちだけでやったんだけれども。

近藤：一般からね非常呼集でもあったとか。

徳留：そういう人は来なかったですよ。非常呼集して、兵隊が行ったとかそういう事無いですよ。

近藤：これ、こっちが中廊下になるんですか。

徳留：そうそう、ここが7棟とすると、こっちが中廊下。

近藤：こっち〔左側〕が7棟ですね。

徳留：西の方が7棟、こっちが8棟。それで、7棟は凍傷実験の人とか、新しく連れて来られた全然伝染病を持たないマルタが7棟。そしてペストに使われたり、いろんな病原体を持っているのが8棟。だから8棟は危ないですよ。8棟に入るのは、気を付けて。消毒も完全消毒ですよ、8棟は。

近藤：この梯子をかけるといっても、ここはガラス窓なんですか。

徳留：レンガの壁にガラス窓がある。

近藤：その窓は開け閉めができる。

徳留：中から鍵がかかってたかは、分らんけれども、普通は開け閉めができる。

近藤：そこへ梯子をかける。

徳留：外からね、梯子をかけて、拳銃をこうやって向けている。

近藤：ここに看守員室ってありますけれども、ここで身分証を見せるのですか。

徳留：イヤ、ここじゃなくてね、中廊下がこうありましょ。こっちが7棟だとするとね、中廊下の入口のここにあるんです。ここにポストがあって、1人1人の身分証が入れてあるわけ。そこで身分証明を出して、見せるわけ。私はそうして見せなかったけれども。

近藤：そこに身分証が置いてある？

徳留：置いてある。持ってない。

近藤：普段、持ってないんですか。

徳留：持ってない。ここに、ずうっと差し込んであるんです。

近藤：出勤簿みたいな。出勤表のレジみたいな感じで。

徳留：ここに入る人は、ほんの限られた人でね。私は写真班だけれども、通訳生もたまにしか行かない。研究室の軍医が行くだけ。ここに行く人は。まあ、3000人の隊員がいたら、100名ぐらい入ったでしょうかね、ここに許可されるのは。

近藤：このぞき窓ってどのくらいの寸法ですか。

徳留：下にあってね、とにかく人は出られないですよ。多くの人が出たり入ったりするから。このぐらいあったでしょうかな。（紙の包を手に持って、具体的に示す）

近藤：ああ、そんなもんですか。

徳留：それに、格子が2本か3本入れてある。

近藤：格子が入っているんですか。

徳留：うん、頭ぐらいは抜けられますよ。そして格子が入れてある。

近藤：そうすると、風は通るわけですか。

徳留：風は通る。一つは、風通しもですね。中にトイレがあったりするから。臭いから。その関係もあったでしょう。

近藤：こちら側は鉄の扉ですか。

徳留：鉄の扉。これは鉄の扉。

近藤：途中、のぞき窓は無いんですか。鉄の扉にはのぞき窓は無いんで

すか。

徳留：扉には、何も無い。鉄板の1枚板、ガッシャーンとやる。

近藤：ああ、そうですか。こういう所から、飯はどうやるのですか。

徳留：飯は、ここからでしょうねぇ。扉開けないはずです。飯は。扉の脇に何か膳をやるところがあったかも知れませんね。

近藤：この中に解剖室は無いのですか。

徳留：7棟には、無いですね。8棟には解剖室がある。解剖室というのは死んだ人間でしょう。実験室は8棟にはあった。生きた人間を死なないうちにする実験室はある。死んだのは、さっきの煙突のあったここにあった。死んだのを解剖室するのはここ。

近藤：ああ、そっち。

徳留：中では、死んだのを解剖しない。

近藤：じゃあ、徳留さんたちの仕事は、こっちの解剖室で

徳留：解剖室でもするし、実験も撮るしね、あるいは安達あたりの演習にも行くし、もう、あらゆる所を撮ってます。

近藤：寝台があるんですか。解剖室には。

徳留：手術台はあります。医者の所にあるでしょ、あれと同じのがある。二つぐらいあったかな。解剖室の部屋には。それから、実験室の方にも、手術台があるの。もう、解剖台も手術台も一緒。恰好はね。

近藤：そうすると、タイル張りですか、コンクリート、下は。

徳留：下は、タイルだったか、恐らくコンクリですよ。タイルってあまり使われていませんでしたよ。コンクリで、その代り、下、きれいにね。サッと水洗いできるように。

近藤：その8棟の実験室の中に入って、消毒は何処でやるんですか。

徳留：出る時ね、1階のね、階段を下りてここにドアがありますから、ここに消毒いっぱい作る。ペストなんか手足の消毒だけじゃなくて、着物まで着替えしますからね、そんなのを着替えたらここに置いて…

近藤：どういう消毒をやるんですか。

徳留：何というか、もうクレゾールでしょうね、昇汞水はあまり使わなかった。臭いがしておったから。

近藤：服はどうでしたか。

徳留：服は、特別の場合は、白い服着て、脱ぐだけだけれども。

近藤：そういうものを着たり、防毒マスクをつけたりするのは、みんなここですか。

徳留：防毒マスクは、現地に行った時で、この中では、防毒マスクを付けることはなかったですね。

近藤：ああ、そうですか。

徳留：ほとんど、手足と、帽子は別に白いのを被っているから、上っ張り着たのを脱ぐだけ。ゴム製の全身防毒だとか、これは現地に行った時だけ。

近藤：安達〔演習場〕の時だけ。

徳留：安達の時。

近藤：解剖はこっち〔7棟〕の方でも無かったですか。つけるとか、ペストなんかは扱わなかったですか。

徳留：ペストはここ〔8棟〕に入れたはずですけれどね。一旦はね。潜伏期、発病するまでね。それが、死んで、いよいよ、もうそういうのは解剖しませんね、危ないから。もう、直ぐここ〔焼却場〕ですよ。

近藤：はあ、解剖しないですか。

徳留：ペストが何日で発病した、何日で死んだ。死んだのは解剖してもしょうがないでしょ。もう、そのまま焼却場。死んだのを解剖したら危ないですよ。あれは、空気感染しますからね。ペストにもいろいろあって、肺ペスト、眼ペストとかあるけれども、死んだのは危ないですよ。

近藤：死体の、こっちの解剖した方で、記憶のあるのはどういう病気ですか。コレラとかチフスとかいろいろあったですか。

徳留：まあ、いろいろでしたけれども、まあ腸チフスなんかも入ってましたからね。もうそんなのは、そう危険という事もないし、腸をこう割いてね、腸チフスでどのくらいやられたら死ぬんだとかね。そういうのを写真に撮って。こちらは直接それに触らないから。カメラでのぞくだけですから、そんな危険はないですよ。メスを持ってやるのは危ないですよ。私は、それに直接触ることないから。

近藤：接写レンズ持って行ってやっているんですか。

徳留：接写レンズ。アタッチメント

近藤：アタッチメント付けて撮るんですか。

徳留：その頃、今のような、ズームレンズはない頃ですから。接写は接写レンズで、それも20センチぐらいが最短距離でしたね。もう一つ補助レンズを付けて。

近藤：どういう所を撮るんですか。

徳留：解剖してね、例えば、腸であれば、腸がどのくらい傷んでいるか、
　　　切り開いて写真を撮る。内臓のあちこちですよ。心臓がどうなってい
　　　るとか。その代り色は出ませんよね。色は出ないけれども、どういう
　　　風に腐っているか、やられているか、そういうのを撮る。

近藤：顕微鏡写真なんかは撮ったことはないですか。

徳留：撮りますよ。

近藤：それも撮ったんですか。それも写真班の仕事ですか。

徳留：うん、写真班の仕事。

近藤：それは、何処に設備があったんですか。

徳留：それは、写真班の中に。よそには無い。これはスタジオですよ。

近藤：この整理と書いてある？

徳留：この整理、ここはスタジオですよ。もう一つあるスタジオは。こ
　　　こは二つになっていて、ここはスタジオ。ここは整理ですね。しかし、
　　　この部屋は長いですよ。もう短くなったけれども。

近藤：整理の部屋が長いんですか。

徳留：イヤイヤ、スタジオの方が長かったですよ。整理する所は6畳ぐ
　　　らいの部屋だったですよ。これ（スタジオ）は、長かった。20畳ぐら
　　　いあった。

近藤：そのスタジオっていうのは、顕微鏡写真を撮る時はそのスタジオ
　　　で？

徳留：それもここ。撮るのはここ（スタジオで）。

近藤：他に、スタジオってどういう使い道があったのですか。

徳留：いろんな、例えば、医学の本とかね、ドイツの、これを複写して
　　　くれとか、そういうのを撮るの、まあ人物も勿論撮りましたよ。

近藤：本なんかを撮った。人物っていうのは何の？

徳留：人物というのは、ほとんど隊の研究に関係なくて、「今日は何班
　　　で記念写真を撮ってくれんか」というそういうもんですね。

近藤：一切合切はみんな整理してあったんですね。キャビネットかなん
　　　かに入れて。

徳留：はい、キャビネットに入れて、ここの棚ね。ここは棚だから狭い
　　　ですよね。それは普通の原板。写真はこんな所じゃない。それからマ
　　　ルタの写真を、仮に私が持って宿舎かハルビンに外出したら、それは
　　　大変なことになりましたよ。

近藤：そんなに厳しかったですか。

徳留：それは、やかましいですよ。それはもう。スパイがやかましい頃でしたから。それは、絶対持って歩けない。今考えると、貴重な写真があったね。持ってくればよかったねと思うけど。

近藤：そうですよね。本当に。全部始末したんですか。

徳留：は？

近藤：全部、焼いたのですか。

徳留：全部、ボイラーで。箱入れてね。フィルムは簡単に燃えるけれども。ガラスでしょ、乾板というのは。それは、燃えなくて、いろいろかき混ぜて大変でしたよ。

近藤：でも、学者の人たちなんかは、みんな持って帰ったんじゃないですかね。貴重な写真なんかはね。

徳留：イヤ、持って帰ってませんね。

近藤：そうですか。

徳留：学者であっても、同じことでしょう。私はね、最初爆破してね、本部を。その時写真を撮っていた。ところが、カメラにフィルムが入っているでしょう。これから、どこへ行くかわからない、汽車に乗せられた。途中で憲兵からこんなものを見られたら、こちらも危ないと思い、カメラからフィルムを出して途中で、全部捨てちゃった。

近藤：ああ、もったいない。

徳留：全部捨てて。

近藤：もったいないですね。カメラはどうしましたか。

徳留：カメラは持って来ましたよ。自分のカメラもあったからね。あの時は、ミノルタの2眼レフ。上下付いたやつ。あれにアタッチメントを付けて、あれで撮りよった。あれは、ピント合わせるのに便利だもんな。

近藤：66番ですか

徳留：66番

近藤：ほとんどネガフィルムですか、ポジは使わなかった？

徳留：その頃、ポジって無いですよ。

近藤：ないですか、あの頃は。

徳留：ポジは無いですよ。ネガばっかりですよ。そしてわざわざ現像ですね、あれはまたポジを反転するんですよ。それからやりおったんですよ。最初からポジフィルムというものは無かったですよ。しかも、白黒ね。

近藤：ムービーの方は手巻きですか？　16 ミリ

徳留：ゼンマイ。それでも 30 ぐらい持ってったでしょうなあ。切れたらまた巻いて。そして連続写真は撮れないですよ。

近藤：フィルムは結構あった？

徳留：フィルムはふんだんにあったです。あんとき、あんなに準備しておったなと思って。資材部というのが、一番奥にあったのね、そこへ行くとフィルムも現像液もいっぱいあるの。そこから伝票を書いてね、もらって来よったのです。こんなたくさん置いて、物は腐りますからね。まあ 2 年位が限度でしょう。

近藤：資材部〔の部長〕は、その頃は大谷っていう人だったんではないでしょうか。

徳留：大谷でしたか、資材班と言いよったから。資材班。資材班に行くとトヨタのトラックは、200 ～ 300 百台ありましたよ。倉庫の中に。

近藤：そんなにあったのですか。

徳留：トヨタ自動車のトラック。いっぱい倉庫の中にあったですよ。何でもかんでも資材部に行けばあるの。

近藤：宿舎から、朝、何時出勤なんですか。当時は。

徳留：確か、今みたいに、8 時 40 分ぐらいでしたよ。

近藤：で、行くと控室みたいなここへ。

徳留：出勤するとそこへね、図面はありませんか。

近藤：これはですね、隊員の人に書いてもらった図面なんですが。これはこうなるわけですけど。

徳留：これは、本部ね。ここは 63 棟ですよ。これが 63 棟〔講堂〕。ここはテニスコート、そうだ。宿舎はこっちですからね。ここが衛戍です。衛戍とは言わなかったかな。

近藤：これは、これです。

徳留：ここにあってね、さっき言ったカードを押す、何と言ったかな

近藤：出勤簿みたいな…

徳留：出勤簿みたいにガシャンと押すと時間が出る、あれは何と言ったかな。

近藤：あれが、もうあったんですか。

徳留：タイムカード、タイムカードがここにあって、そこに自分のものを入れて。

近藤：そんなにたくさんの、すごい数ですよ。

徳留：すごく多かったですよ。タイムカードを押して、そうすると何時
　　　に入ったんだという、ここで押して、またここに差し込んで、写真班に。

近藤：この中に、

徳留：中じゃなくて外に。

近藤：外にあったんですか。

徳留：通りがてら、ガシャンと押して、また差していく。

近藤：朝になると出すわけですよね。

徳留：出したんでしょうね。

近藤：普段、雨ざらしではないでしょう。

徳留：うん、雨ざらしになるからね、それと満州は雨はそんなに降らん
　　　からね。

近藤：ここに出勤してくるわけですね。

徳留：ここに入って、こっちに行くわけね。
　　　ははあ、これは裏から撮ったんですね。こっちに塀があるから。向こ
　　　うの方が正面ではないですか。

近藤：いや、これはこっちからこう撮ってますね。

徳留：だけど、この塀は、この塀ですよ。

近藤：今ね、この塀ですよ。この辺に塀があるんですよ。

徳留：あんたが撮られたんですか。

近藤：イヤ、違う。

徳留：この塀は、塀ですよ。塀はこれですよ。これは裏の方ですよ。向
　　　こうは入口、玄関というのかな、入口は広かったですよ。これは裏か
　　　ら撮ったんですね。そして、中に10人ぐらいの門衛が腰かけていて、
　　　この塀はこの塀ですよ。レンガ造りの塀でしたから。塀の外側に塹壕っ
　　　て言うのか、溝を掘っていて、中に入るのには、溝が掘ってあって、
　　　また高くなっていて、高い上に、鉄条網が張ってあって、その中がこ
　　　の現場ですよ。

近藤：そんなに厳重なんですね。

徳留：「何人といえども、関東軍司令官の許可なくして、立ち入ること
　　　を禁ず」と言って、ずっと立札が立っている。

近藤：ここら辺ですよね、「解剖室」は。

徳留：ああ、そうですね。ここが煙突かな。ここが煙突だな。これは資
　　　材だな。資材。

近藤：ああ、こうなってますね。向こう側がロ号棟ですよ。これが煙突で、

ここが焼却場、ここが解剖室なんですか？

徳留：解剖室になっていますね。そうすると、ロ号棟は？

近藤：ロ号棟はこっちです。

徳留：こっちですか。これは、裏の方ですね。

近藤：ええ、裏です。在田（ありた）班って言うのは、何をやっていた
　　　班なんだろうかな。よく分からない。

徳留：在田（ざいた）の在田（ありた）はレントゲンでしたけれど、この
　　　有田は違いますよね。

近藤：吉村班に所属している在田班、在田（ざいた）班というのがレン
　　　トゲンですね。

徳留：在田がレントゲン。

近藤：（在田の名前は）勉（べん）と書いて、つとむと読む。この中で、
　　　徳留さんが提供された写真というのはどれですか。下里さんが持って
　　　いた？

徳留：イヤ、これはね、こんなのは部隊のじゃないでしょ、これは作り
　　　写真。

　　　　衛生兵は何人かいたけど、こんな他の兵隊はいないですよ。これ
　　　には731部隊を閲兵する石井四郎軍医中将、こんなのは無いですよ。
　　　これは私が下里さんに言ったの。この写真はね、おかしいですよ。こ
　　　の写真は、おかしい。朝礼・点呼もこんなの無いですよ。

近藤：点呼も無い。朝礼というのは屋上でやったそうですね。屋上で。

徳留：あ、イヤ、屋上でないですよ。屋上でしないですよ。屋上には絶
　　　対のせないですよ。7棟・8棟が見えるから。

近藤：これが、独身部屋？

徳留：独身部屋だったかもね。独身部屋。これは？

近藤：63棟の中だと言うのですけど。大講堂の。

徳留：これはね、2階の映写室、そうだ、1階の椅子があって映画をやっ
　　　たり、ここの映画を私がしちょったんですよ。この中でね。ロイアル
　　　の大型の映写機があって。

近藤：図書室は何処にあったんですか。

徳留：凍傷室？

近藤：63棟の。

徳留：図書室でしょ、図書室はこっちの、えーっとここは酒保だから、こっ
　　　ちの方ですよ。東の方。

近藤：東側ですか。この広間の外ですね。

徳留：外、ここはもっと廊下続きになっとってね。

近藤：廊下続きで。

徳留：ここが、63棟ですね。そしてここに酒保。この裏に炊事場があったね。ここでね、自分の家で炊く人もいるけれども、ここに机があって、朝ご飯を、買って食べるんですよ。食べて出勤しよったもんですよ。又、帰りもここでね。

近藤：63棟の中でですか。

徳留：中、ここは食堂。まあ、会議場になったり、映画がある時は映画を観たり、大きなものですよ。そしてここに郵便局ね。ここは図書室。

近藤：はあ、そうなっているんですか。

徳留：そして、その頃ね、短波放送が、一本しかなかったけれども、短波放送があってね、ラジオをよく聞いたもんですよ。そして63棟のここに映写室がありますね。ここに幕がある、映す。映画が終わると、この酒保からビールとか酒とか、

近藤：差し入れがある？

徳留：差し入れがあってね、それをここで飲むんですよ。図書室で。もうそれは映画が終わった後で夜ですからね。晩の10時頃だったでしょうね。1〜2回でしたから映画は。そしてここで酒を飲む。飲みながら短波放送を聞いて、これはテレビではない、ラジオですから、みんなアメリカの放送を聞いたものですよ。向こうでは。そして情報は一番よく知っている。こっちが。いろんなのをここで聞いたから。日本は短波放送は禁じられてましたからね。こういうことは出来んから。それは731部隊だけが聞けて、日本では聞けませんでした。

近藤：そうすると、こっちの手前の方に炊事場があったわけですね。

徳留：そうそう、こっち側が下、向こうがこっちですよ。ここに映写機がありますからね。こっちが郵便局側、図書室。それからまたこっちへありましてね、こっちに建物があって、これは高等官食堂って言ってね、高等官の食堂。独身者がいますから、高等官食堂。

　　これは、どうだかな、

近藤：怪しいですか。

徳留：うーん、間違った写真はね、これはさっきの写真。

　　これは、運動会の時の写真。

近藤：運動会ですか。これね、北野さんが写っているやつね。

徳留：書いてある。これは判任官宿舎。4階建て。テニスコートあった
　　でしょ。テニスコートここにありますね。テニスコートに一番近い所、
　　これだな。こっちは部隊の囲いの中ですから、こっちではないですよ。
　　これは、ここにあったの。これは判任官宿舎だけれども、これはね、
　　あとは、雇員用の13棟まであったけど、これは鉄筋のコンクリート
　　造り。こんな余計は無い。三つだったかな、建物は。判任官宿舎だっ
　　たけれども、高等官、あるいは将校の独身者も入っていた、ここに。
　　そして小舘大尉も独身で来ていたもんだから、私も本当は独身のうち
　　はこっちの方へ入らなければ、いけないんだけれども、小舘大尉と一
　　緒にね、寝起きして、2人でここにいたから。奥さんは、故郷にいた
　　から。ここにいたんです。最初はね。家内を持って、こっちになった。
　　この地図は大分おかしいな。運動場もこっちですよ。だからもうちょっ
　　とこうかな。これならわかる。そしてここに広い通りがあってね、こ
　　の通りが続く。そして東郷神社って言うのがね、この辺にあるわけ。
　　これは運動場。こうすりゃ合いますが。これもこんなに余計要らんで
　　す。3棟か4棟かでしたよ、判任官宿舎は。そしてここは、この宿舎
　　は横に。7棟、8棟、9棟、11棟、13棟まで、横に並んでいるんです。
近藤：これですかね。
徳留：ああ、これだな。これだと、これは何だろうか。
近藤：畑って書いてありますね。官舎の畑。
徳留：ああ、畑。これです。
近藤：これですね。
徳留：これだ。宿舎もこれだ。畑なんかこんなところにありはしません。
　　まだ、ここは囲いの中ですよ。ずっと道路があって。地図がおかしいね。
近藤：こうですかね、このぐらいですね。
徳留：この囲い、ずっとここまで続いているんですよ。そしてここは部
　　隊本部の敷地内ですよ。こっちには入れない。ただ家族診療はね、ど
　　こか。ここだ。ここのところは来ないですよ。これは、高等官宿舎。
　　家族診療は、もうこれと対だから。これが家族診療だね。
近藤：東郷神社、ここですね。
徳留：東郷神社は、そこですね。その辺でしょう。
近藤：家族診療所は。
徳留：まだ、東郷神社のこっちだ。そして学校があった。ここも学校。
　　これはこれでいいんでしょう。これ、2部の方は持っていらしゃいま

せん。

近藤：ああ、今日は２部は持ってこなかった。

徳留：アレに。これかな。これですよ。これなら大体正確ですよ。

近藤：ああ、そうですか。

徳留：ちっとおかしい所もあるが…。

写真の説明をする徳留一男さん

先ほどのインタビューの中で、話に使っていた図面です。

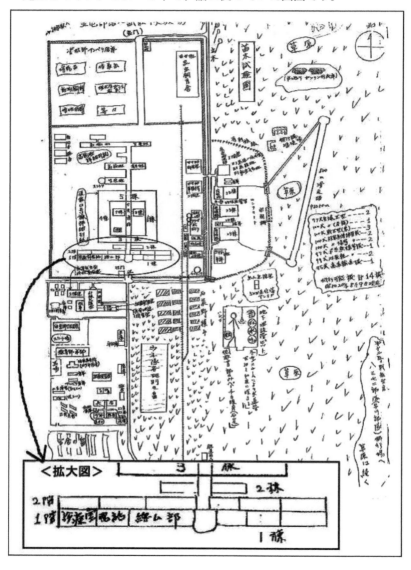

【資料1】執務室　本部第1棟の1階東側　廊下をはさんで憲兵室、兵用地誌班。そのさき両側を写真班が占めていた。奥の壁の向こう側は隊長室の下、企画室となっていた

　この図面は、731部隊の少年隊の方たちが作った房友会という戦友会の集まりの中で、隊員たちがそれぞれの記憶に基づいて、寄せ集めて、「この建物の隣は何があった、北側には何があった」という記憶を持ち寄って、つなぎ合わせて出来上がった図面です。

　本当は、これもう少し西側の部分もあるんですが、一応ロ号棟を中心にしたものです。ロ号棟というのは、3棟・4棟・5棟・6棟の四角いロの字型の研究室棟です。

　3棟の南側にまるで囲った所を、下の方に拡大図にしました。これが写真班のあった場所です。

　徳留さんが小舘美實大尉、写真班の班長から誘われて、入った時の組織関係を簡単にご説明しますと、写真班というのは、総務部調査課に所属する班なんですが、総務部は徳留さんが入った時点では、中留金蔵というのが総務部長、それが後に大田澄という部長に替わります。その下にあった調査課ですね、調査課の課長は、石光薫、この人は軍医ではなく軍属で技師3等、中佐相当の軍属です。その下に各班があったわけです。

　一つは兵要地誌班、これは英語・ロシア語の通訳が2人で、1人は小川という名前であったと、これは徳留さんの記憶です。

　それから、写真班は大体8名ぐらいだったと。班長は、徳留さんを誘った小舘美實ですね。その下に技手で小潟基、ここに明治何年生まれと書いてありますのは、戦争中の陸軍省の名簿に記されている生年月日を私が勝手に引っ張ってきたものです。

　それから、下の名前が分からないのですが、野田。写真班の人たちや他の隊員の持っている写真に、よくこの野田という隊員が写ってます。真田は、カメラマンです。航空班が活動する時、細菌戦を寧波の方にやりに行くときとかに、航空班に随行して、飛行機に一緒に乗って、空中写真を撮ったり、攻撃の時の写真を撮ったりしたのが、真田という写真班員です。

　それから、小田吉之助、これは一番徳留さんが親しかった写真班員らしくて、この人を撮った写真をたくさん持っています。

　それから、芥川という背の高い、相当イケメンの写真班員なんですが、こ

の芥川も、航空班によく付いて写真を撮っていました。

　それから、写真班の他に、印刷班というのがこの調査課にあって、小舘美實大尉が班長を兼任していました。専門職の印刷工が集められた班で、本村という班員の名前も徳留さんは記憶しているらしいです。

　多分、名簿によると、本村力（つとむ）という班員だと思われるのですが、ちょっと確定できないので、？マークを付けてあります。

　それから図書室。さっきのインタビューの中にも出てきていましたけれども、63棟とよく言ってたのは、大講堂でありまして、それが63番目の棟で63棟と呼ばれていました。そこに図書室があったんですね。ここに3人班員がいました。

　新井雇員という呼び方をしていたらしいですが、新井雇員と女性の軍属の隊員1人と、もう1人は、石川という苗字で名前が顕治らしいです。

　この石川という人は、加賀友禅の染物工で、731に引っ張って来て、入れちゃったと『悪魔の飽食』にも書かれています。

　当時、カラーネガというものは、あっても高価だったので、いくらふんだんに材料のある731でも、カラー写真を使えなかった。その時代に病変の変化、伝染病の感染経過を記録するのを全てモノクロの写真で撮るわけですが、それに後から色付けをしてカラーフィルム化した作業をしていたのが、この加賀友禅の染め物工で石川という隊員だったそうです。

　それから翻訳班というのも調査課に所属していました。秦正氏という隊員がおりました。この人はロシア側に終戦の時に捕まって、シベリアに送られて、その後中国の戦犯だという事で、900人を超す戦犯が中国に渡される時に、一緒に中国の捕虜になって、後に撫順戦犯管理所で教育を受けて、日本に帰って来て中帰連という組織を作って、その会員になった1人でもあります。

　ですので、中国の撫順戦犯管理所で取り調べを受けて、自筆調書などを書いていたその文書が、『細菌戦と毒気戦』という中国の資料集の中に、この秦正氏の調書も含まれています。

　ですから、それを江田憲司さんやいづみさんが翻訳した『人体実験』とか、『生体解剖』とかの本の中に、この秦供述も含まれています。

　それから『悪魔の飽食』が出て間もなく、ところどころ、間違いや不十分な所があるという事で、もと隊員の郡司陽子（筆名）さんという方が手記を『証言　石井細菌戦部隊』という著書を徳間書店から出されました。その2冊目が証言集という形で出ています。その中に、第5章で「私は中国軍の

捕虜だった」という手記が掲載されています。それがＨ－Ｍという頭文字になっていますが、これが秦正氏さんの書いた手記です。

その２冊目の『真相　石井細菌戦部隊』の第１章に「ファインダーがとらえた地獄」という手記が載ってます。それが今見て頂いた徳留一男さんの手記です。

この徳留さんの手記によりますと、実際にお話をうかがった時にもお話をされていますが、写真班の配置ですね。【資料１】の図面に、１棟の拡大図が下にあります。拡大図の中央に「総ム部」と書かれてある所がありますが、その右隣の四角い部分、図には何も書かれていませんが、そこがいわゆる731部隊の玄関、第１棟の中央入口です。その西側が総務部があって、電話室があって、診療室がありました。診療室というのは家族診療所で、部隊の隊員や家族の病気を診療していました。屋外にも、別の場所に家族診療所はありましたが、第１棟にもありました。

その第１棟の玄関から入って、右側に進むと中央の廊下を挟んで両側に幾つか小部屋がありました。その廊下を挟んで左手が憲兵の詰所、憲兵室がありました。徳留さんがいた時代には２人憲兵が詰めていて、１人は沢田という伍長、もう１人は曹長の憲兵だったという事です。

廊下を挟んで右側、南側の取っ付きが兵要地誌班がいて、その先の両側とも写真班が占めていました。左側、憲兵室の奥が、写真スタジオと現像と焼き付け室、プリンター機室、廊下を挟んで右側に小舘写真班長室、事務室、それから16ミリの水洗いをする部屋、乾燥室という風に写真班が占めていました。

その奥のつきあたり、壁の裏側、奥側が総務部の企画室で二木秀雄がいた所です。その上にあたる２階には石井部隊長の部屋がありました。

さっきのインタビューの中にもふんだんに材料があったという話がありましたが、機材もふんだんにありまして、ミノルタフレックス２眼レフが10台ぐらいあったらしいですし、小西六のセミパールというカメラが５台、コンタックスが１台、ドイツ製のライカなんかがありました。テッサーレンズは、その後発達しますけれど、撮影に使用されるカメラは写真班員の数に比較しても相当ありました。

それから、16ミリのムービーですね。スチール写真ではなく動画、ムービーのカメラが７台か８台ありました。当時、一番優秀とされたアロー社のカメラもありました。

【資料２】徳留氏が撮った写真資料。『資料集シリーズNo.6　裁かれる細菌戦』裏表紙の写真４カット

徳留さんは、さっきのインタビューでは、終戦の時に全部焼却して、焼いたと言っていました。実際には、持って帰って来ているんですね。

あの時には、ああ言ってましたけど、後々になって実はという話で、その中の４カットなんです。その他にも、たくさん写真が手元に残っています。これなんか重要な写真で、安達の実験場の実験中の写真ですね。左上の写真は、実験準備をしているところの写真で、２人の防寒服を着た隊員が写ってます。その写真には、その日の実験で爆弾を投下する目印に

下はいずれも安達実験場。平房から連行した「マルタ」（人体実験材料）を杭に縛りつけ飛行機から細菌を撒布して感染効果をみるなどした野外実験場。安達は平房（731部隊本部）の北西120キロメートル。

安達実験場の中心地。吹き流しを目標に細菌爆弾が投下された。人物は731部隊工務班所属の設営隊員。

アロー撮影機で実験場の様子を撮影する731部隊写真班員。左側に作業中の731部隊設営隊員が見える。

野外実験場で各自画板を持ち、実験のデータを記録する731部隊員。

同じく安達実験場。冬期用の防寒服を着ている731部隊員。

『資料集シリーズNo.6　裁かれる細菌戦』裏表紙の写真４カット

なる一番中心の吹き流しが写ってます。爆弾はその中心の吹き流しを目当てに投下するわけです。

その右側の写真は、アローのムービーを構えています。実はこれは徳留さんなんです。

これから実験をやる準備をしているところで、左奥に人影が何人か見えてます。これは、十字架を立てて、これから人体実験用のマルタを十字架に縛

り付ける工務班の隊員たちの姿です。

それから左下の写真は、隊員がたすき掛けで、画板を下げています。これは実験の記録を取るための準備をしている写真です。場所は先ほどの吹き流しから100〜200m離れていて、爆弾が投下されるのを双眼鏡で見ていて、時間が経って大丈夫になると、投下現場に駆けつけて行って、画板の用紙に投下の位置、ペスト菌ならペスト菌がどういう風に散らばったか、その場所を碁盤の目のように、図になるように記録するんですね。

それから人体模型が描いてあって、その図面にどこに破片が付着したかとか、菌液が付着したか記入するようになっています。

右下の写真は、双眼鏡を持って、現場を見ている写真ですが、これも実は徳留さんです。

こんな写真を持って帰って来ているんですよね、実は。記念写真という事で。

それならば、実験写真もあるのではという事で、段々問い詰めて行ったら、やっぱりあったんです。あったという話なんですね。

戦後、自宅に長らく保存していたらしいんですよ。記念にという事で取っといたんですが、昔のフィルム、棒長のネガフィルムを入れる袋状のものに入れといたら、昔よくありましたけれども、くっついちゃって、ネガに紙が貼り付いて取れなくなっちゃった。それでこんなものもう役に立たないやという事で、その時に全部廃棄しちゃったと言ってました。それは、感染経過なんかが分かる難しい顕微鏡写真が含まれていたんで、自分の手柄みたいにして取っていたんだけれども、廃棄しちゃったと。廃棄したかどうかはちょっと疑わしいですけどね。

その後、奥さんにもいろいろ聞いたり、しつこく付きまとって、何とか見つけようと思ったんですけれども、どうもやっぱり廃棄したのは本当みたいです。

写真班は、写真班内の写真の整理だとか、資料の管理だとか、焼き付けだとか、現像だとか、そういう屋内の作業する班員と、実験の記録を撮るとか、安達の実験場の記録を撮るとか、そういう外回りの仕事をする班員の二手に分かれていたそうです。小潟基という技手が、人の配置やら作業日程を組んだりしていたらしいです。

いずれにしても、徳留さんの証言は、7棟、8棟、ロ号棟の特設監獄をですね。この中の状態を細かく話す隊員がいないんで、実際に実験に立ち会って、それを写真に記録をしていた徳留さんの証言は、そういう意味では、非常に重

要な証言だと思います。

　と同時に、もう一つ、安達の実験場での実験の様子とか、システムなんか
を徳留さんが詳しく証言できるので重要だと思います。

　今日は、特設監獄の 7 棟、8 棟の部分を編集して、ご覧いただきました。

　また機会がありましたら、安達の方での実験の細かい様子をまとめたもの
をご覧いただきたいと思います。

　もう一つ、ロ号棟の特設監獄の中で、7 棟は、準備段階のマルタが扱われ
ていたという事、8 棟は、実際の実験や解剖に使われたという話でした。

　さっきの話にちょっと出てきますが、4 桁の番号を素肌に記して、それ
以降番号で呼ばれるようになったというんですが、昭和 17 年 5 月に徳留さ
んがこの写真班に行った時には、マルタの番号は既に、700 番台だったと。
700 番台で入ってくるマルタに、順番に番号を付けていって、1500 番ま
でいったら、また 100 番に戻るんだ。つまり秘密にするために、外部に悟
られないように番号を攪乱したんでしょうけれども、100 番台から始めて、
1500 でまた元に戻って、100 番からいくと。

　入った時 700 番台で、一度 1500 番台にいって、100 番台に戻ったから、
自分の経験の範囲からいくと、凡そ 3000 人のマルタが実験に使われたとい
う事でした。このマルタがどのくらい被害にあったかという証言や記録も他
にほとんどありませんので、これも徳留さんの証言の貴重な部分であると思
います。

2017 年 11 月 24 日ビデオ学習会　731 部隊員の証言シリーズ／第 11 回
初出：NPO 法人 731 資料センター 会報 第 27 号　（2018 年 8 月 30 日発行）

田中信一さんの証言

（第 8 回ビデオ学習会、一人目の証言）

部隊当時の田中信一さん

　寒いなか、ありがとうございます。

　さっそく始めたいと思いますが、ビデオに登場される方は最初は田中信一さんと言う 731 部隊のレントゲン班にいた方です。その後に、2本目が小笠原明さんという田中英雄の昆虫班にいたペストノミの増殖なんかをやっていた方のインタビューです。

　最初の田中さんは 1993 年、23年前に 731 部隊展が始まった初期に名乗り出てこられた方で、長野県で開催された部隊展にも証言に立たれたことがあります。このビデオは私も初めてお会いする時で、ほかに慰安婦問題をやってらっしゃる西野瑠美子さんと部隊展のスタッフの方と 3 人で初めて田中さんのお宅にお邪魔してお話を聞いたのですが、ちょっと前提となる基礎的な話ばっかりしていますので、話が細かいかと思いますが、もしわからないことがありましたら、後ほどの質疑でお尋ねいただければ、わかるところはお答えします。

　最初、話に出てくるのは、731 部隊の中で起きた殺人事件、森村さんの『悪魔の飽食』の中でもちょっと触れてありますけれども、実際にあったんですね、事件が。亡くなった女性、オオツキさんという方の事件の所からご覧いただきます。

〔　〕は編者注

近藤：オオツキという女子軍属の死体が見つかった事件を御存知ないで
　　　すか。

田中：知らない。

近藤：総務部の庶務にいた女性の死体が。

田中：オオツキ。ちょっと聞いたこともあるな。

近藤：部隊で不始末をしでかしたっていうことで評判になって。

西野：相手誰だった、どっかの班長？

近藤：それで、妊娠したというので？

田中：そういう人が大分あったですよ。

西野：大分って、言うと。

田中：大分って、死んだとか殺されたっていうことはどうか知らんけど
　　　ね。奥さんがお産でね、内地へ帰って、それで結局、妹を旦那さんの
　　　食事の支度に連れてきて、またそれに子供を作ったということで、ク
　　　ビになったり、そういう人は大分あったですね。

西野：それは誰ですか。

田中：私が最初に、仕入れをやっている時に、吉田さんと言う方が、一
　　　人あったです。

西野：何班かな。

田中：これは仕入れをやっとった仲間です。

西野：マルタを強姦した話は聞かなかったですか。

田中：それがね、見てみると本にそう書いてあるのでそうかなあっと思っ
　　　たり、それで一緒に風呂入るという事も書いてあったり、いろいろと
　　　あるけれど、私たち中へ入って見てないからよくわからないけれども。
　　　そういうことが確かにあったかどうか知れんけれども。

西野：レントゲン班は、割といろんな情報とかマルタのあれで入って来
　　　たと思うけれども。

田中：レントゲンでは…、まあ一番よく情報が入るのは何といっても写
　　　真班じゃないですか。もうとにかく写真班は、写真撮りに行った所は

98

見たことがないけれど、全てのものはみんな写真で保管されていると思います。レントゲンはただ一部だけのもんで。

西野：さっき、吉村班付きのレントゲンの仕事が多かったとおっしゃいましたよね。

田中：いや、仕事はないです。ただ、吉村班に所属しとっただけのことで。

西野：吉村班所属のレントゲン班？

田中：レントゲン班。宮川班。

西野：宮川班自体も一緒になるんですか。

田中：そうじゃない。吉村班と言うのは、吉村〔吉村寿人〕技師という人は、結局軍人の階級でいくと、あの人は佐官級だと思うんですよ。それで宮川〔宮川正〕さんは中尉でしょ。それで、軍属でも吉村さんの方が位がずっと上なのです。そういうことで、吉村班と言うのがあって、その中にレントゲン班が所属して、その人の下になるわけですよね。だけど、朝の精神訓話は吉村技師の精神訓話を一緒に行って聞きました。

近藤：やっぱり所属なんだ。

西野：レントゲン班と言うのは吉村班の中にあったっていうこと。

田中：吉村班の中に。

西野：あれは独立ではなくて。

田中：独立ではなくて、他の班はどうか知らんが、レントゲン班は吉村班の所属になっていた。

近藤：朝訓話をやったのは、吉村。

田中：そうです。吉村技師の精神訓話を毎朝。

近藤：〔ロ号棟の〕屋上でやってました？

田中：ええ、屋上で。

西野：屋上で。

近藤：そう、班ごとにやるの。

西野：私、廊下とか、講堂とかいろいろ聞いていた。

田中：他の班は、知らないけどね、吉村班は、屋上上がってやったです。

近藤：ほとんど吉村班に所属してても、そっち側とは付き合いはないのですか。

田中：ええ、全然。だから、私の同じ部隊から軍属になった、松代と言う所があるんですよ。大本営が。あそこから吉沢〔吉澤貞次〕っていうのが、それはもう聞いたら亡くなったというんだがね。その人が吉

村班に直接入ったんですがね。

近藤：吉沢さんって亡くなられているんですか。

田中：どうもね、群馬の方へ養子にいったらしいです。それで私の中隊は２中隊だもんで、それで戦友会をやるわけですよ。その時に聞いたら大将は群馬に養子に行ってから亡くなったと聞いたんです。だから、戦友会に出ても出てこないわけです。だから私の２中隊から731部隊に４人入ったんですよ。それで、１人は特別班に入ったんですよ。上山田の若林ハルオ、名前はハルオだったと思うな。それから１人は下の木島平の人で土屋軍治と言う人でこれは航空班に行ったですがね。

近藤：土屋さんという人は、どこの方ですか。

田中：下高井郡の木島平村ですかね。

近藤：下高井郡木島村。もう一人の方は。

田中：もう一人は上山田です。

近藤：その若林さんですね、その４人のうちのもう１人と言うのは。

田中：その吉沢さん。私と吉沢さんとね、土屋と若林、その４人です。２中隊からね。

近藤：若林さんが特別班。

田中：それは、最初から特別班に入ったんです。

西野：特別班には千葉〔出身〕とは限らなかったんですね。

田中：だから、いろいろ本にも書いてあるけどね、石井〔四郎〕さんは千葉の出身なわけね。だから千葉県の人間を優遇して連れてきて、だから給料も千葉の人の方を優遇して高くくれたという事を本や新聞で見たことあるんですがね。だけど一般の人はそういう風にはされなかったと思うけど。

近藤：あの、図書室と言うのはどこにあったのですか。

田中：図書室はね、あの食堂御存知ですか。門から出て、教育隊の方へ行きますね。今度は右へ曲がった所に大きな建物で、そこ〔63棟・講堂〕で映画をやったり、そこが結局食堂になっているんです。その２階に図書室があるんです。また、その一部には、酒保と言うものがあったんです。売店ね。

西野：講堂のすぐこっち側ね。

田中：そこにおった女の人が。資材班のＡさん、あの人の妹が、そこ〔酒保〕におった。

西野：あの、広島の女性？

田中：いや、このC。

近藤：資材部のAさんの妹B子さん。

西野：この間、広島で酒保にいた女性とお話してきたんですよね。

田中：なんていう人ですかね。

西野：何だったっけ。何人か、一人という事はないですよね。

酒保につとめていた女性

田中：酒保ではね、事務を執ったのはAさん。それから売店の方には、えーっと何人だよ、1人、2人、3人…、3人か4人おったと思うがね。名前はよく覚えていないがね。

近藤：妹さんもAさんと言うんですか。

田中：そうです。当時はね、それで、その方が、あれはどこにおったかな、山田と言う人だがね、女房があったけれども、そのB子さんと恋愛で一緒になっちゃった。それで、引き揚げてくるときには、その前に一緒になっていたと思うが、先妻と別れてAさんと一緒になって、今、Cに来ていると思うがね。

近藤：山田なんとおっしゃるのですか。

田中：なんて言ったかな、それも酒保に勤めていたんですよ。

近藤：その男性の方も。

田中：そう。

新井スタッフ：Cもいくつかあるものね。

田中：小字（こあざ）もいっぱいあるもんね。柄沢〔柄沢十四夫〕さんも…

近藤：豊里。

田中：豊里ですか。重野じゃなかったですか。

近藤：じゃないです。

田中：そうですか。豊里なんだ。

近藤：山田さんて幾つぐらいの人でした、当時？　田中さんよりは上？

田中：そうね、俺よりは上だと思うがね。

近藤：Cの人も多いですね。

田中：Cは、真田〔眞田茂男〕さんとAさん、まだ他の名字を書く人は、

ここにおるんですね。あれは、・・・〔聴き取れず〕ですがね。その人は庶務におった人ですがね。

新井：写真班の真田さんは生きていましたっけ。

田中：俺は、帰ってから一回だけ行き会ったことがあるけど、あとは知らんがね。

新井：どこに住んでいるとおっしゃいました。

田中：Cの真田町だね。町だと思うがね。群馬県の方へ抜ける真田町だね。
　　それと、経理におった橘田（きった）、名前はやはりわからないが、これが篠ノ井の東福寺と言う所におるんですよ。今現在長野市ですね。昔は東福寺村と言っていましたが。これは経理において中の事は分からないが、男性です。これは、さっき言った・・・〔聴き取れず〕と一中隊から入った。

近藤：この間、誰か、西野さんからきいたなあ。728に異動したって。手紙が残っていると言ったじゃん。

西野：一切置いてきちゃったの。こんなに繋がるとは思っていなかった。

近藤：武〔武年雄〕さんも一中隊だったんですか。

田中：そうです。だから横山と武と橘田、1人は群馬の人だが、この人は航空班の人だったけどね。

近藤：名前を忘れちゃったな、「お父さん、元気に着任しました」という葉書が来たという。

西野：覚えてます。葉書の。軍事郵便の。

新井：ああ、あるよ。

近藤：その人728連隊じゃなかった。確かそう聞いたよ。軍事郵便の話。

新井：松代に倉島〔倉島寿亀〕さんと言う方いらっしゃるのを知ってます？

田中：倉島、さあ、知らないな。

新井：航空班じゃないかな。倉島さんは運輸班？

西野：うん。

田中：どの人かいね。

新井：下から2番目。

田中：知らないね。……あ、オガワラ、小川貞夫、これは坂下です。間違いない。これは庶務の人。私と同じ部隊だが、九中隊。

新井：おがわらですか。

西野：字は、小川って書いて、読むときだけはおがわら。〔ただし、陸軍省作成の名簿によれば、「小河原貞夫」〕

新井：そうですか。

田中：こういうのがあるんですか。

新井：たまたま、こういうのを集めている人がいましてね。マニアが。

田中：はあー

新井：その人が貸してくれたんですよ。

近藤：住所は分からないですか。

田中：ここに書いてある。

新井：坂北村字長田

田中：この人と同じ村の人がここに嫁に来ているんです。坂北から。「それじゃ小川って知っているか」と言うと、「知ってる、これは駅の前で新聞屋やっている」と言うんです。今も、やっていると思うがね。

近藤：どこの駅になるんですか。

田中：坂北。

西野：坂北と言うのは、上田の坂城（さかき）とは違うんだ。

田中：あっちは篠ノ井線になっちゃうですね。

近藤：この家族の人がこっちに嫁に来たんですか。

田中：同じ坂北村から、嫁にこちらに来ているもんだけね。その人に「小川と言う人知らんかね。」と聞いたら、「坂北の駅のすぐ前で、新聞屋、新聞販売店をやっている」と、もう何年も前だがね。

西野：小川さん、まだ、生きているという事でしょう。

田中：まあ生きていると思うが。

西野：じゃー自分の郵便の物を人が持っていると知ったらビックリしちゃうでしょう。

近藤：それを田中さんが特定したとしたら。

田中：これは、懐かしいや。これは懐かしい大将なんですよ。これはね。私のバカみたいなことを話すが、これが庶務におってね、ピー屋〔慰安所〕に仮に遊びに行くときはね、免税票っていうのをくれるんですよ。それは、大将、係やってたんですよ。

西野：731の中で。731の中でそんなところがあったんですか。

田中：係が、庶務の中に。それでわし、後輩なもんで、もらいに行ったことあるんですよ。

西野：えーっと。小川さんに会いたい。

近藤：ハルビンに行かないで、部隊からちょっと行った所に、平房の駅前の所にピー屋があったんでしょ。

田中：平房にあるんです。

近藤：駅前に。

田中：日本人の慰安所と朝鮮人のものと。

近藤：駅前に両方あったんですよね。平房から行く場合、

田中：私ども、そこへ行くには、中に引き込み線があるんで、線路歩いて、道路あるけどね。

近藤：そのまま、平房の駅まで歩いて行った。

西野：どのくらいかかりますか。

近藤：20分くらい。

田中：20分じゃ行かないね。そこへ行くと、今度は航空隊があるけどね。

西野：隣の所に。

田中：ええ、その航空隊におった人がここに1人いる。あれ、何部隊と言ったかな。

近藤：48じゃなくて、

田中：名前は知らんけど、そこにね、いる。地元の人で最近そこへ入ったんだけどね。

近藤：あそこの、ピー屋、名前覚えていないですか。

田中：えーとね、私が行ったのは「コンパル」（金春？）って言ったかな。

西野：コンパルって聞いたことがある。

田中：あるかね。小さい春だと思ったなあ。

西野：それは、どっちの方の名前ですか。日本人の方。

田中：いや、朝鮮人。日本人の方は知らないがね。

西野：何人ぐらいいました、朝鮮人。

田中：そのうちの中では、確かコンパル、

西野：もしかして広州の方の慰安所じゃないかな。

田中：そうじゃない。6人だったかね。

西野：朝鮮人、6人。日本人は…

田中：いやいや、日本人はいない。

西野：いや、日本人の慰安所は。

田中：それは、行ったことが無いので、知らない。

西野：将官クラスとか、上のクラス？

田中：あったけれども、知らない。

近藤：そこのあれは2階建てでした？

田中：ピー屋ですか。1階です。あそこには2階建てなんかない。

西野：民家を改造してという感じですか。

田中：まあ、結局朝鮮部落だけどね。日本人もおったけれども、朝鮮部落。満州の土地だけれども、そこに来ているのは朝鮮の、たくさんではないけれども…。

近藤：あそこは、元々朝鮮人部落になっていたのよ。駅の所は。

田中：そこに、憲兵の派出所があるんですよ。うちの部隊の中にもあるんですがね。

近藤：沢田と言う憲兵を憶えていませんか。

田中：それは、平房のほうじゃないですか。

近藤：ええ、平房の憲兵でそこのピー屋の何かをしていたようなんですけれども。なんかつながりがあるみたいなんですけど。

田中：ああ、そうですかね。

近藤：詰所みたいなものがあったんでしょう？

田中：憲兵の？　あるんですよ。駅前にね、親方が憲兵曹長なんですね。何人いたかは知らない。

近藤：沢田とか、倉員（くらかず）〔倉員悟憲兵曹長・のちにハバロフスク裁判で証人〕とか、聞いた憶えはないですか。

田中：聞いた憶えないな。うちの部隊の方でも谷さんしか憶えていないもんでね。確か、憲兵の詰所があったことは、憶えているけど。

近藤：部隊の引き込み線からずっと線路を歩いてきますよね、歩いて行って駅に入ると、平房の駅まで行くと、どっち側ですか、ピー屋があったのは。

田中：ピー屋は駅行く手前。

近藤：駅行く手前の右、左ですか。

田中：左側だね。

西野：そこは、田中さんも行ったことがあるんですよね、実際。そうすると、中の構造なんかも憶えていますか。そんな大きくないですよね。さっきの写真は違いますよね。

田中：違う、違う。

西野：そうすると中は？

田中：中は、通路があって両側に部屋が。

西野：幾つあるんですか。

田中：入って、すぐ左側に一つとね、ここに一つ、二つ、３部屋だね。

近藤：帳場は無いんですか？

田中：ここの所に帳場があるんですよ。ここにもう一つ通路があって、それでここんところが帳場になっているんですよ。それでここんところに1部屋、

西野：1部屋だけ？

田中：2部屋あったかな、1部屋だったか、2部屋。

西野：これは、何でしたっけ。部屋。

田中：これもそうです。

西野：じゃー、1, 2, 3, 4, 5

田中：だから、さっき言った6人だか、7人だか憶えがないです。

西野：これだと、もう一つあってもおかしくない。

田中：だから、6人だか、7人だかおったです。1, 2, 3, 4, 5, 6そんなもんだと思ったがね。。

近藤：1間、何畳くらいですか。

田中：4畳半ぐらいだがね、それでこの中に、名前は忘れたが、1人はね、さっきの労務班の中にアダチ〔足立正雄？〕っていうのがおったんですよ。栃木の人だがね、それと一緒になっちゃったもんだけ、結局、軍属をクビになっちゃったんですね。

西野：朝鮮人慰安婦と…

田中：国際結婚した場合には、絶対に中にいるわけにはいかない、結局クビになったですね。

西野：何年の話ですか。これ。

田中：終戦の前の年、19年のまだ温かい時期だった。何月か知らんが、暖かい時期だったな。

西野：暖かいというと、暑くはないですよね。

田中：そんなに暑い時期ではないと思ったがね。

西野：8月か9月？

田中：9月ぐらい、そんな頃だと思ったがね。

近藤：これ、労務班の人ですか。

田中：ええ、労務班の人です。

近藤：労務班ってどこに所属するんですか？

田中：労務班は庶務関係じゃないかな。

近藤：総務に？

田中：ええ、総務関係だと思う。そこに工藤〔工藤與四郎〕技師というのがおった。

近藤：じゃー、総務ですね。

田中：総務だね。工藤技師っていうのは総務だね。

近藤：工藤班の所にこのアダチっていうのもいました？

田中：ええ、そこにいました。

近藤：じゃー、そうだ。

田中：あとは、みんな北海道の人ですわ。

西野：何が。

田中：労務班の人が。牛袋〔牛袋淳〕、加藤〔加藤善隆？〕、それから今の
　　　アダチと岸〔岸秀臣〕というのと確か４人だと思ったがね。

西野：このアダチさんと結婚した慰安婦の名前を憶えています？

田中：日本名を名乗っていたのだが、今ちょっと度忘れしたな。

近藤：金子とか。

田中：みんな日本名でやっておるけね。

西野：ドアの所に源氏名を貼ってあるとか？

田中：そんなことはない。貼ってない。

西野：部隊を外出するときに、コンドーム渡されたんですか？

田中：そういうのは全然。兵隊は、渡したけどね、軍属の場合は、渡し
　　　ていない。

西野：え、この間聞き取った人、コンドーム渡されているんですよ。

田中：それは、兵隊じゃないですか。

西野：少年隊。

田中：少年隊は、兵隊だで、軍属の場合は渡さない。

近藤：このアダチさんは工藤班の中にいるんですか？

田中：労務班っていうのは、工藤班なんですよね。

近藤：牛袋、加藤、岸さんという人たちは、北海道？

田中：北海道の札幌だね、アダチさんは栃木だと思う。

近藤：そしてどうなったんですかね、クビになった後？

田中：それで、平房から東になるんだけど、平房の次の駅、なんていう
　　　駅だったかな、開拓地があるんですよ。五常県、そこに行ったと思う
　　　んですよね。そこは東北の秋田、岩手、山形、その３県の方々が入
　　　植しておったんだね。そこへ私どもはネズミを頼んでとってもらった
　　　んです。野ネズミを。ノミのエサになるから。

近藤：ネズミをもらいに行かれたこともあるんですか？

田中：ええ、１回行ったことがある。それで五常というのを知ったんです。

西野：あと、戦後五常県はペストが流行したりしているんですよね。逃
　　　がしましたよね、部隊を破壊した時に。

田中：逃がしたかどうか、知らんが、破壊した時、どうしたかはよく知
　　　らないのだがね。

西野：この間、中国行った時、五常県出身の人がずっと案内してくれた
　　　ものですから。

田中：ああ、そうですか。

西野：今度の８月は安達実験場の方に行きますが。

近藤：安達にも行かれたことありますか？

田中：いや、ない。

近藤：このアダチさんと一緒になった女性のほかに、ピー屋で覚えてい
　　　る人はいませんか？

田中：日本名だがね、ユキコ、急に言われたもんだけ思い出せない、…
　　　キミコっていうのがおったね。それから器量よしだった人、それが思
　　　い出せない。一時は覚えたけれども、思い出せない。

西野：朝鮮人がいた慰安所の、帳場にいたのは日本人ですか？

田中：いや、朝鮮人。

西野：朝鮮人の夫婦？

田中：朝鮮人夫婦。

西野：ここは、軍人などが出入りしていました？　憲兵がこの慰安所に
　　　は。

田中：憲兵は知らんけどね、普通の軍人はみんなそこへ行ったの。日本
　　　人は朝鮮人、満ピー、ロスピー、日本人は勿論、日本人はみんなどこ
　　　へでも行けた。ところが、満人は満人の所しか行けない、ロシア人は
　　　ロシア人。

西野：平房にあった二つの慰安所というのは、朝鮮人慰安婦のいた慰安
　　　所と日本人のいた慰安所で、日本人のいたピー屋っていうのはあんま
　　　り一般の軍属は行かなかったと。

田中：いや、行ってると思いますけどね。わしは行ったことがないから
　　　知らないけどね。

西野：なぜ、行かないのですか？

田中：それは…

近藤：お気に入りがいなかった。

西野：朝鮮人の方が好きな人がいた？　別に料金が変わっていたという

　　ことは。

田中：それは、同じ料金だと思う。

近藤：時間制限がありましたよね、入れる時間が。

田中：何時から何時という時間はないと思うけれど、結局時間が過ぎると金を余計に取られることになるね。

西野：いくらだったか憶えています？

田中：免税票でね、大体１時間当時の金で20円じゃなかったかな。

近藤：免税票があって？

田中：免税票があって。

西野・近藤：20円！　高いですね。

田中：高いですよ。給料なんかどこも持って行かないから。

西野：普通は１円とか、１円50銭でしょ？

田中：いやいや。そんなことはない。

近藤：20円！！

西野・近藤：731部隊は給料がいいから。給料いいから狙われたんでしょう。この慰安所はすごい！　すごい慰安所だな。信じられない。ボロ儲け、１時間20円。

田中：当時の金で。おそらく、確か20円だと思った。

西野：それは女性たちには渡っていないのでしょ？　お金をそれだけ支払っても、この女性たちは、お金をもらっていないし、敗戦の時に、みんな引き込み線で逃げたときに、この慰安所はどうなったのでしょうね。

田中：その仕組みっていうのは、借金で結局来ているわけ、だからその借金が切れなければ、自分のものにならない。だから、金が自分の所に入らないと。それで、自前ということになると、今度は半々でもないと思うけど、七三ぐらいで、持っていける。女は、七取って。向こうへ三納める。こういうような自前というやつがね。

　インタビューは、こんな調子で延々と３時間も続くので、珍しいところ
だけピックアップしてきたのですけれども、731 部隊の近くの駅前にあった
慰安所の話から、なかなか話が出ないので、それと吉村班のことについて話
してくれているんで、それをもうちょっとどこが目ぼしいのかお話しますと、
お配りした資料の２枚目に「731 部隊」編成表 (本書 174-175 頁) があります。

　これは昔私が作ったもので、今のビデオのような調子で撮って、どこの研
究室で誰の班でとか、隊員の１人１人に聞きまして詰めて行った。という
のは政府は、特にそういう資料を公開していませんし、組織の編成がわかる
ような資料、原文書が今のところ見つかっていないのですね。公文書で、名
簿は、あります。一部公開されている名簿がありますが、陸軍の将校と相当
官の名簿があります。それで顔ぶれだけは探して行けばわかるのです。

　100 人ぐらいの隊員の方々に班建て、グループ別の話を聞いて、作った編
成表が、これです。右から総務部、第一部が基礎研究の部です。その研究班
の部の第三課が吉村班なんですね。

　吉村寿人、今ビデオの中で、宮川班のレントゲン班に所属したけれども、
吉村班の配下の系列だったという話が出てきました。屋上で、精神訓話を吉
村がしたという話をしていましたが、この系列で組織だった吉村班は凍傷実
験で有名になった。悪名高い吉村班。幼児、赤ん坊まで凍傷実験をやった残
虐さで有名です。実はここの組織・編成をよく見ると、マルタに関連した業
務をここでやっているんですね。一応生理・病理の基礎研究をやっている班
なんですが、吉村班と言うのは、実際には、凍傷の他にマルタを、捕虜になっ
て 731 に送られて人体実験されるマルタの管理・管轄、健康管理等をやっ
ていたのがこの班なんです。

　マルタにされる人たちは、731 に送られてくると、レントゲン照射して、
健康管理するわけです。その健康管理を担当したのが、吉田源二という吉村
寿人の二つ後輩で東大医学部から 731 に来た人です。吉村は京大医学部卒
で石井の派閥です。それともう一つ在田勉の在田班というのがあって、それ
もレントゲンをやっている班です。

　今のビデオの中には出てきていませんけれども、田中さんが話した中に、
レントゲン班でマルタの肝臓にレントゲンを照射して、どこまでやると死に

至るかという実験を自分たちでやったことがあると。それからペストにしろ炭疽菌にしろ別の研究班がやる研究に、必要なレントゲン照射には、この宮川班と在田班から参加していたわけです。その他に石井班とか、蓬田班とか、志村班とかがあります。これはみんなマルタの管理や出入りですね、一応総括的にマルタを管理しているのは、総務部なんです。総務部に、今度実験で何名のマルタが必要だから、それを提供してくれと総務部に届けて、許可が出るとその許可書を持って、特別班にマルタを受け取りにいく。特別班というのがマルタの監獄の看守をやっている。7号棟・8号棟がマルタが収容されている監獄。ロ号棟の中庭に西が7棟、東が8棟。2階建てで、真ん中に通路があって、両側に6個ずつ部屋があって、2階にも6個ずつ部屋がある。東西の棟で48部屋あって、1部屋に5，6人平均的に入っていた。マルタを受け取りに特別班に行くと、特別班が応対します。

　石井剛男という石井四郎部隊長の次兄が特別班の班長です。看守の親玉という事です。だんだん編成組織を調べていくと、実は吉村班はほとんど凍傷よりも、マルタの管理・管轄が大きな仕事であったことがわかってきた。

　それで、今のインタビューでマルタの管理の話がすすむうちに田中さんの口から、マルタを憲兵隊へ受け取りに行ったことがあるという話が飛び出してきた。

　お配りした資料の一番最後のページに田中さんが戦後ずっと秘蔵していた写真の何枚かがあります。

　簡単に説明しますと、山海関、満州の一番南、境界線の所ですね、中国東北部の南側の境界に当たる山海関、そこの憲兵隊にマルタを受け取りに行ったという一件です。レントゲン班のせいだろうと彼は言ってました。レントゲン班でマルタの受け取りだとか、管理・管轄をよくやっているんで、多分憲兵と一緒に受け取りに行けという指示が回ってきたんじゃないかと思うと言ってました。

　山海関に受け取りに行った時の写真についてご説明します。

　1枚目は山海関の憲兵隊でマルタにされる捕虜が収容されていた部屋の写真です。2枚目は山海関の憲兵隊の近くの町で、3枚目は機関車の前に立っている田中さんです。4枚目は写真がちぎれていますが、当時近くで戦闘があったんだろう、匪賊と言われていた抗日戦士たちの遺体がこういう風に山積みになっていたと。5枚目は、いまでは有名な写真ですが、731に送られて行く前のマルタの写真です。こういう足かせが付いた状態で、手錠もされるんですけど、こういう形で連行されて行ってマルタにされる。

山海関の憲兵隊でマルタにされる捕虜が収容されていた部屋

山海関の憲兵隊の近くの町

機関車の前に立っている田中さん

抗日戦士たちの遺体

マルタとして７３１部隊に送られる前の三人

(4) 田中信一さんの証言

113

次の写真はマルタとの間の通訳をやっていた李初亭という人物で、中国人の研究者が書いた本ですとか、あちこち731の関係の本に出てきますが、終戦時に731が日本に逃げる時に、マルタを焼いて処分するとか、証拠を隠滅するときに、この通訳をやっていた李初亭というのが差しさわりのある人物なので、この人物も処分しなければいけないということで、731部隊の正面入り口の入ってすぐ左側が、731駐在の憲兵室だったんですけれども、そこで拳銃で殺した。中国側の目撃者も日本側

マルタとの間の通訳をやっていた李初亭

も、かなりあちこちでこの話が出るんですけれども、その時、証拠隠滅のために殺された李初亭という人の写真がこれだそうです。田中さんは親しくしてたらしくて、生前に写真を交換した時の物だそうです。

　それから、ビデオの中で出てきたオオツキという女性、殺人事件の疑いのある女性ですが、田中さんにオオツキさんのことを聞いたのは、戦後になって、亡くなったオオツキさんの弟さんが、どうも姉の死に不審な点があるという事で、隊員の知り合いの所に問い合わせるんですね。「姉の死の原因について何か知ってることはないか」と。弟さんが戦後ずうっと捜し回って、その捜し回っている時に、私、上田でこの弟さんにお会いしたんです。それで、その経緯なんかを聞いて、調査した結果なんかを教わりましたけれども、その話によると、班長の不倫の相手になったために起きた事件だったようだと。班長にはいろいろ不都合が出てきた、本妻の奥さんは妊娠中で京都の実家、内地に帰っている間の出来事だったと。その後、私もこの亡くなった女性の、寮で同室だった人に詳しく話を聞きました。その人は、身の上相談にのってたらしくて、詳しく事情を知ってまして、三角関係、不倫問題が部隊内で騒ぎになって、処分という形、業務感染と言う形をとったらしいですけれども、業務上、部隊内で作業中、細菌に感染したというんで処分されたと。その疑われる男性の方が、今話題になっていた班長です。かなり濃厚な疑い

がかかっているという感じでした。

　それから、平房の駅の近くの慰安所の話は、アダチさんという、田中さんの知り合いが、朝鮮人の慰安婦の人と恋愛関係になって、クビになって、五常県の方へ逃げたと。これも実際にあった話で、源氏名を「春子」と言っていた朝鮮人慰安婦と、アダチさんが恋愛関係になって、石井四郎直々に解雇を言い渡したそうですけれども、それで五常県の方へ、そこに東北3県出身の開拓部落があったんですね。そこへ2人して行って、結婚して暮らしたと。その後、私が1989年、1999年に、731部隊の関連で、また番組を作るんで新たに取材しておりましたら、黒竜江省のある村に、731部隊員と慰安婦が一緒になった夫婦が村にいて、今や孫もいるという話がありまして、それを追っかけて取材したことがあります。本人のおばあちゃんは亡くなっていまして、娘さんが健在で、娘さんからいろいろ事情を聞きました。

　田中さんは宮川班にいたんですけれども、班長の宮川正は、東大医学部の放射線教室から731に配属されたれっきとした軍医です。軍属、嘱託ではなくてですね。吉村寿人は軍属で、吉田源二もそうです。軍属も階級がありまして、一番上、佐官級は、少佐までだと、技師ですね。吉村班の班長、吉村寿人は、技師4等というクラス。吉田源二は、5等ですね。宮川正というのは、歩兵30連隊から731部隊に配属になったれっきとした軍医です。（スライド説明）これが今言っている吉村班の凍傷実験室の写真ですね。

吉村班の凍傷実験室（正面）

　次の宮川正ですが、終戦直後の1946（昭和21）年に日本に帰ってきて、東京逓信省の病院で医師として勤務したのですが、1952年サンフランシスコ条約が成立して、日本が返還されて、石井四郎以下の731部隊の連中は東京裁判についても闇取引が成立して免罪扱いされています。一般的に堂々と公職追放の立場が解除されるのは52年の3月からです。その頃、宮川は東大医学部の放射線科に復職しますが、例のビキニ環礁で被曝した第5福竜丸事件が起きて、問題になった時に、厚生省の委員として任命されて、汚染した船の被曝度、健康被害の調査に当たるんですね。これを、宮川が厚生省の指示で、調査をするんですが、5月からは原子爆弾被害調査研究班の世話人に指名されるんですね。戦後の原爆から原発に流れていく系譜の真っ只中にいた人物で、勿論政府側の人間です。放医研の所長にもなりまして、健康被害の有無について、政府側の研究班の世話人としてやります。

　第5福竜丸事件で言いますと、800隻ぐらいが被害に遭って、実際に内部被曝で苦しんいる船長さんなんかがいっぱい出てきて、訴えている状況の中で、宮川正が国会に出てきて証言します。第5福竜丸1隻だけは、基準以上の健康被害を認めるんですけれども、あとの800隻を健康被害の点は心配ないと、はっきり国会で否定した。そのため、第5福竜丸以外の被害船の被害については全く否定的な扱いになりました。その言わばきっかけとなった張本人が宮川正です。どうも戦争中からの軍陣医学、軍の為、政府の為、

国の為の研究、それに傾いている研究の系譜がこの宮川を通じてあります。

長崎の方では、長崎医大に林一郎という教授がいます。京大の医学部出身で石井四郎直属の部下、「京大の7人衆」と呼ばれた中の1人です。林一郎は病理で解剖をやっています。特に奇形児の研究をやってまして、奇形児の解剖をかなりやっている人物です。この人も被曝した被害者の妊婦さんから生まれてきた奇形児を解剖して、否定的な扱いをしている1人であります。

731の戦後の軍陣医学の系譜と言いますか、それに連なる人物の、大きなシンボルのような人物が宮川です。東大医学部を退職するときに、全医連（全日本医学生連合会）、全共闘の医学生共闘、東大の医学生たちが中心になっていた学生運動の一派の突き上げを食らうんですね。最終講義の時に、学生たちから公開質問状を宮川は突き付けられて、「あなたは731部隊で何をしていたのか」「何を目的としてやっていたのか」とか、「防衛医大の設立についてどう考えるか」あたりまで含めて一般公開質問状を突き付けられているんです。講義を終えた後、公開質疑になり、しどろもどろで逃げまくるという状態だったんですけれども、公開質問状と質疑の模様を、高杉晋吾さんが著書〔『日本医療の原罪』亜紀書房 1973年〕の中で述べられていますので、どういう風に答えて、どういう考え方で、戦後過ごしてきているのかというのがわかりますので、ぜひお読みいただければと思います。

次に、731部隊第2部で細菌戦の実戦研究をやっていた田中班、田中英雄という技師が指揮を執った昆虫班の隊員だった小笠原明さんという方のビデオをご覧ください。

731部隊の隊員だったと名乗り出たひとりがこの小笠原さんです。所属は、第2部の田中班、細菌を媒介する動物、特にノミ、ペストノミの研究をやっていた田中英雄、その下には田中淳雄という大尉がいました。その田中班でペストノミの増殖をする仕事をさせられていたのが、この方です。当時は少年隊として、釜山から京城経由で、新京の関東軍司令部へ行って、それから731に配属になった。少年隊の後期の、割合に終戦に近い頃に731に配属になった方のお話です。

2016年12月16日ビデオ学習会　731部隊員の証言シリーズ／第8回
初出：NPO法人731資料センター 会報 第22号 （2017年6月27日発行）

元731部隊員　第2部昆虫班所属
小笠原明さんの証言

（第8回ビデオ学習会、二人目の証言）

――――――証言ビデオ――――――

〔　〕は編者注

〈731部隊へ入隊するのに、朝鮮の釜山に上陸、京城に向かう〉

小笠原：列車に乗り込むようになって、そうした時に言われたのは、「これから北に行く」それだけですよ。で、いわゆる釜山から当時の京城、今のソウルですよ。そこまでずっと列車に乗って行ったわけですよ。そのソウルに着いて、自由行動の時間があったんですが、私たち4人だけでした、福岡の出身は。その時のメンバーは。

近藤　：全体で何人ぐらいでしたか。4人のほかに。

小笠原：731部隊に入ったのは4人だけでしたね。

近藤　：ほかには、たくさん

小笠原：行ったら、おりましたし、あとからも来ましたけどね。それでソウルを出発するときには、満州国へ行くと。関東軍司令部に行くという引率者からのあれがありましたよね。

近藤　：新京を目指すと。

小笠原：いや、関東軍司令部がどこにあるかということも知らなかったのですよ。それで着いたところが新京、今の長春ですよね。看板を見て初めて、「これ関東軍司令部だ」と知ったぐらいで、いわゆる今の学校で教えている教育じゃなくて、一切何もかも、軍に関することは機密事項で、学校では教えてもらえませんでしたからね。

近藤　：あの司令部の建物の中に入られたのですか。

小笠原：ええ、入りましたよ。お城みたいな立派なあれがありましたよね。ああここが関東軍の司令部かと知ったぐらいで、本当に無知だったわけですよ。関東軍司令部で試験官の口頭試問とかありまして、どうしても飛行隊に行きたければハルビンに行くか。もう飛行機に乗せてもらえるんだったら、ハルビンでもどこでもという境地ですよね。それで私ら4人。

近藤　：それほど飛行機が好きだったんですか。

小笠原：ええ、特攻隊が花形だったですからね、当時。飛行機にただ乗るというのじゃなしに、特攻隊ですよ。特攻隊に憧れていたわけですよ。特攻隊に行くように、学校の先生方から教育されていたわけです。

近藤　：それは死ぬことだということがわかっているわけですよね。

小笠原：ええ、そうです。

近藤　：それでもですか。

小笠原：ええ、

近藤　：お国のために。

小笠原：天皇陛下のため、お国のため、郷土の名誉のため、家の名誉のため、学校の名誉のために、という教育ですよね。

近藤　：すっかり、その気になった？

小笠原：ええ、その気になってしまって。

近藤　：まだ10代ですよね。

小笠原：731部隊の関東軍防疫給水部隊に入隊した時は、14歳と7か月でした。15になっておりませんでした。

近藤　：その年でも、お国のために死ぬんだと。思い込んでたわけですか。

小笠原：結局、兄が戦死しておったので、中国で。当時は支那事変、18年〔1943年〕にはもう名称が変わっていましたがね。日中戦争になっておりましたが、大東亜戦争ですよね。全体的なあれで言えば。

近藤　：お兄さんの仇でも取ろうと？

小笠原：そうそう、それをとるように学校の担任の先生や、校長先生まで、勧めてくれたわけですよ。だから、特攻隊に行けと。

近藤　：ああ、学校の先生が勧めたのですか。

小笠原：学校の先生です。

近藤　：まさに、そういう戦争教育ですね。

小笠原：そうです。私は戦争教育を受けたと、私は言っているんです。

（5）小笠原明さんの証言

119

あくまでもこれは私の個人的な考えですけどね。

近藤　：ハルビンに行くかと言われて、それでもまだどこだかわからないのですね。

小笠原：ハルビンに行けば飛行機に乗れると、関東軍司令部で試験官が言いました。なるほど、ハルビンに着いて、731部隊に着いたんですよね。そしたら途中で飛行場が見えるわけですよ。そしたら、引率者が指さして、あそこに飛行機があるだろう。わっと見たら当時優秀な重爆撃機「呑龍」がありましたよ。それは素晴らしいなと思うてね。呑龍で行けばどんな大きな戦いができるかと思うて、いわゆる子供のあれですからね。飛行機を見たことで有頂天になってしまって、731部隊の関東軍防疫給水部の少年隊に入隊したわけです。そしたら私らは、入ってわかったんですが、軍人じゃないわけです。軍属なんです。少年軍属ですね。少年見習い技術員という当時の職名は。で、教育を受けるようになったわけですね。行った時には、もう先輩がおりました。一期。一期の先輩たちが航空班に行っておりました。飛行機に乗った話やら何やらいろいろ聞かされるんですよね。だからワクワクして入隊しました。ですから入隊式までに、私ら遅れて入った方なんですが、2日間は余裕があったんですが、その2日間の間に「軍人勅諭を覚えろ、この軍人勅諭を暗唱できなかったら、日本へ内地へ帰らなくちゃならん、除隊しなくちゃいけないんだ、軍人勅諭をとにかく覚えろ、俺たちのお前たちに対する教育は、全部天皇陛下の命令なんだ」と先輩が言うわけなんですよ。当時は先輩という言葉は使っておりませんでしたがね。古年次殿とか古参次殿という言い方をしていましたが。

近藤　：1年先輩でも古参次殿ですか。

小笠原：ええ、そうです。それが直属の教育者ですよね。それに挟まれて寝台に寝たわけですがね。

近藤　：少年兵と先輩に挟まれて、交互に寝るんですか。まだ、その時には、部隊の事は。

小笠原：全く知りませんでしたよ。そういうことで入隊式が1943年4月15日だったわけです。入隊式が終わって、さっそく鉄拳制裁、びんたの嵐ですよ。殴られるんですよ。

近藤　：どういう理由で？

小笠原：それが、内務教育を受けると、掃除にしても何にしても、ちょっ

とトロかったら殴られ、いわゆる軍事学を勉強するようになりました
から、軍事学というのは、軍人勅諭を始めとした、作戦用命とか歩兵
操典とか陸軍日々命令とかそういった勉強をしたわけです。そしたら、
"服従の項を言うてみろ"ということなるわけですね。"下級のものは
上官の命を承ること実は直に朕が命を承る義なりと心得よ・・・何々
ナントカ・・・ならざるべからず"という風に答えることができなかっ
たら、「貴様、これだけの事まだ覚えていないのか」ということで殴
られるわけです。軍人勅諭だってあれ長いんですよ。文語体ですしね。
非常に難しかったです。覚えるのがやっとぐらいで、覚えたんですか
らね。

近藤　：30分、40分かかるんじゃないですか、あれ。ザーッと言うだ
　　　　けでも。

小笠原：そんなにはかかりません。途切れ途切れだったら、殴られるから、
　　　　言うことできないですよ。半殺しの状態ですよね。

近藤　：そんなひどいんですか、軍属で。

小笠原：軍人でないんですよ。とにかく飛行機に乗っている先輩がおっ
　　　　たから、私は飛行機に乗りたくて、飛行機ばっかりを見ていますから、
　　　　非常に胸を膨らませて教育を受けたわけですが、そしたら、マルタと
　　　　いう言葉を、先輩たちが盛んに使うわけですよ。

近藤　：その頃から耳にされたのですか。

小笠原：だから、入隊と同時に聞いたと言ってもいいぐらいですよ。「キ
　　　　サマ、マルタにしてしまうぞ、マルタになってしまえ」ということを
　　　　言うわけですよ。私たち2期生は98％が九州出身でしたからね。1
　　　　期生は、全国各地から来ていたわけです。沖縄・北海道を除いてですね。
　　　　それから、先輩たちが実習に行っておりましたからね、その時に、「マ
　　　　ルタっていうのは、どこの県の言葉なんだろうね。どういう意味だ」と、
　　　　よく話し合うけど、誰ひとりとして知らないんですよね。それで731
　　　　部隊に東郷という国民学校があったんですよね。そこを出た者も入隊
　　　　しておったのです。名前は八木〔八木稔〕と言う者ですが、八木に聞
　　　　いたことがあるんですよ。「お前、731部隊の学校におったんだから、
　　　　知っているだろう？」「うーん、何も知らない。」父親は動物班に勤め
　　　　ておったわけです。お母さんも、お姉さんも務めておったわけです。
　　　　だから知ってると思って、「マルタという言葉はどこの言葉なんだと。」
　　　　千葉県の人が多かったから、千葉県の言葉かと思って、長野からも来

おったし、山梨からも来ておりましたし、神奈川、横浜を中心に来ておりましたし、で聞いたんだけれども、先輩たちは、皆知らないんですよね。マルタという言葉の意味を。

近藤　：先輩もですか。

小笠原：いやいや、先輩は使うんですよ。けど、尋ねたら、「貴様、何反抗するんか、何聞くんか」という風に殴られるでしょ。教えてはもらえんです。だからマルタという言葉は非常に私なんか重圧感を感じてはおりましたよね。「貴様、マルタにしてしまうぞ」「マルタになってしまえ」としょっちゅう言われたですからね。そういう風に繰り返して、4月に入隊して、5月25日が関東軍防疫給水部の創立記念日なんですね。〔6月25日の記憶違い〕。その創立記念日に、掃除のために私を含めて3名の者が、本部の第1棟、正面にあった建物ですがね。その第1棟の2階の隊長室があった所の並びに標本室があったわけです。その掃除に入ったわけです。その掃除に入る前に、鷹取〔鷹取総〕という憲兵曹長がおったんですね。その憲兵曹長がやってきて、「この中で見たものは、絶対にしゃべってはいかん」という事だったんです。そして標本室に入ったら、人間の生首の標本がずらっとあったんですね。それが、10あったものか、20あったものか30あったものか。

近藤　：そんな数あったんですか。

小笠原：うん、記憶には、はっきりと数としては答えることはできませんけど。とにかくたくさんの生首があったという記憶ははっきりと残っておりますね。

近藤　：ホルマリン漬けかなんかですか。

小笠原：ええ、ホルマリンの瓶詰ですね、丸型の。私が今でも印象に残っている生首っていうのは、頭の毛も赤茶色で、鼻が高くて、色が白い、いわゆる「ロスケ」。ロシア人だな、ロシア人の首だなと思ったのをはっきりと覚えておりますね。その他、何のための標本であるかの説明は書いてありましたけど、そんなもの読むことできません。生首を見ただけで、もうびっくりしてしまうですね。目を開けることが出来なかったです。だけども、掃除しなければ、出してもらえないのが、軍隊の規律ですからね。

近藤　：他の内臓なんかもありました？

小笠原：一番、目に付いたのは、生首で、その横に、破傷風という病気がありますがね、その破傷風の全身の反りあがった、典型的な背骨が

半球のように反りあがった、人間の体がこんなにまで曲がるんだということで、アレしたんですがね。

近藤　：破傷風って書いてあったんですか？

小笠原：ええ、そうです。その当時は、そういった勉強は全然しておりませんよ。私は、戦後、45年〔1945年〕の11月から現在の中国人民解放軍の病院に勤めたわけです。森下〔同期の森下清人〕とちょっと似ていますがね。そういったことで、蒋介石との軍隊、当時は中国軍と言ってましたがね、戦傷患者で、破傷風、昔その患者をたくさん取り扱っているんで、よく知っておりますがね。それは、戦後に覚えたアレであって。

近藤　：それは、全身でしたか？

小笠原：ええ、全身の、西洋人じゃありません。東洋系の人の顔立ちでしたね。破傷風の場合は、大腿から下を切断したものですとか、腕1本、手首、そういったものを切断したものがありましたね。そういう風のものを見て、とにかく目をつぶったまま掃除したわけですよね。そして、消化器系の標本が並べられた所に行って、人間の心臓はじめ、腸だとか、肺だとか、腎臓だとか内臓の病理解剖したものがたくさん、……ペストだとかチフス、コレラ、赤痢といった様なものが、詳しい病理所見、解剖所見も書いてあったんだが、読んじゃおりません。ただ、ペストだとか、コレラとかそういった病名の付いた人の解剖であるということを知ったわけですよね。

近藤　：こう、紙が貼ってあるわけですよね。

小笠原：ええ、説明書きがありました。

近藤　：一部屋ですか、標本室は。

小笠原：ええ、標本室は一部屋ですね。

近藤　：ついでに伺いますが、霊安室は？

小笠原：霊安室はちょっと離れた所にありました。うん、写真を……
これは、創立記念日、18年、私らが入隊した時の、この写真に写る前に、掃除に行ったわけですよね。霊安室はここなんです。

近藤　：隊長室はこっちですか？

小笠原：ええ、ここの向かい合わせですね。こっちは廊下になっておりますからね。向かい合わせが、標本室なんです。この辺ぐらいから標本室ですね。

近藤　：話を戻しますと、何をやっているところだと思いました？

小笠原：そういう風な中で、初めて、先輩たちが「マルタになってしまえ」「マルタにしてしまうぞ」という事が、マルタと言われている人たちは、ものは、こういう風に切り刻まれてしまう人たちのことかと、私は思ったわけです。

近藤　：ピンと来たわけですね。

小笠原：その言葉が、非常に激しかったですからね。マルタという言葉を使うときには。だからこういう風に切り刻まれてしまうのを、マルタと呼んでいるんだなと思うて、ゾオーッとしましたよ。私だけじゃありませんよね、それは。

近藤　：その創立記念日というのはどういう事をするんですか？

小笠原：軍隊の祭りでは、軍旗祭というのが軍隊の祭りなんです。軍旗を授与された月日を軍旗祭にしておるわけですよ。関東軍防疫給水部は、軍旗がありませんから。本科じゃないし、衛生部ですからね。だから創立記念日という軍旗祭と同じ内容の、だからこの創立記念日で位の上がる人もおるし、いろいろあるわけですよね。まあ、会社の創立記念日と同じようなアレですよね。

近藤　：その時は、隊長なんか挨拶をするんですか？

小笠原：ええ、しましたよ。その前に私たちは掃除に行ったんだね。創立記念日にはこういう風に幹部が、…この前が広場だったんですよね。

近藤　：北野ですね、18年だと。

小笠原：北野政次が、部隊長だったのです。

近藤　：部隊長だけですか、挨拶をするのは？

小笠原：ええ、そうです。

近藤　：部長クラスは挨拶をしない？

小笠原：挨拶しませんね。部隊長だけ。

近藤　：じゃあ、最初は石井隊長は、全然お目にかかっていない？

小笠原：ええ、石井四郎が〔再任されて〕来たのは、45年の3月の末だったと思いますね。それは、どでかい体の大きな、本当に軍人らしい髭をピーンと伸ばしてね、非常に激しい調子で訓示したのを覚えていますよね。

近藤　：どういう訓示をするんですか。

小笠原：もう、戦争を勝ち抜くためには、我々はこういったことをしなくちゃならん。だから、その中で述べた訓示の中で、今でも私の記憶に残っているのは、訓示の第1項目は、「皇道精神の具現徹底」です。「皇

石井四郎の大きな体格を示す防寒着

道精神」と言うのは天皇の道ですよね。それを「具現徹底する」とい
うのが、731 部隊の部隊長訓示の第 1 項目。その他に、「研究教育の
飛躍的躍進」とか、いろいろありましたけどね。

近藤　：それを石井隊長が言うわけですね。

小笠原：そうそう、だから当時言われたことは、未だに染み付いており
　　　　ます。「皇道精神」っていったいどういう事なんだろう。それを「具
　　　　現徹底」とはどういう事なんだろう。いわゆる国語力なんていうもの
　　　　は、ないんですからね。当時は、私らは。えー。

近藤　：それが、ピンと来るようになったわけですね。

小笠原：丸覚えですよ、丸暗記っていうやつですよ。軍人勅諭でも、そ
　　　　うですよ。意味が解らず覚えた。だから、今でも言えますよ、私は。
　　　　軍人勅諭、あの難しい。

近藤　：天皇の統帥はってやつですね。

小笠原：ええ、「我国の軍隊は世々天皇の統率し給ふ所にそある昔神武
　　　　天皇躬つから大伴物部の兵ともを率ゐ中国のまつろはぬものどもを討
　　　　ち平げ給ひ高御座に即かせられて天下しろしめし給ひしより二千五百
　　　　有余年を経ぬ」というあの難しい言葉を今でも覚えています。意味は
　　　　解りませんよ。別に研究したわけではありませんから、それを言えた
　　　　ら難なく少年隊の生活が送れた。

近藤　：言えないと？

小笠原：それはもう、半殺しに合わされた同僚をよく知っておりますよ。

近藤　：少年隊は教科も大変だったみたいですね。

小笠原：一般普通科目以外に、軍事学がありましたからね。それに伴う軍隊教育、軍隊躾教育があったでしょ。だからもう大変だったですよね。先輩たちは、先輩がおらんから段られることはないですよね。班長に段られたぐらいで。私ら、先輩たちは日中は実習に行っていないけど、帰ってきたらもう……

近藤　：防疫学だの、細菌学だのというのは、いつ頃から始まったんですか？

小笠原：そうですね、普通は博物ですね。それと生理衛生、衛生法、救急法といったいわゆる衛生兵が学ぶ教育が始まって、それが終わって、細菌教育。細菌教育を受けたのは…。

近藤　：半年ぐらい経ってから？

小笠原：そうですね。ええ。９月ぐらいですからね。私は先輩に聞いたんですよ。「飛行機に乗るために、そのために入隊したのに、軍属であるとか、そんなあれは、給料がよかったので、非常に幸福感は感じておった、当時ですからね。

近藤　：月給、おいくらですか。

小笠原：いや、日給が95銭だったです、私ら。先輩も95銭だったです。

近藤　：同じなんですか。

小笠原：ええ。

近藤　：「庸人」という立場？

小笠原：ええ、庸人ですね。だから同じ金をもらっているというんで、非常に反感、ねえ、その不平がビンタになって、現れておったのが、実情ですね。先輩たちは20年の４月にみな「雇員」になりましたからね。３年の教育が終わって、雇員になって、月給43円から46円、まあ開き、段差がありましたけれどね。

近藤　：星も変わりました？

小笠原：ええ、星も五つ星ですよね。白に変わったわけです。もう１年違っていたらものすごく違いますよ。

近藤　：そういうもんですか。

小笠原：ええ、それはもう、絶対服従ですからね、先輩たちには。私は防疫学、細菌学を勉強するようになった時に、先輩に聞いたんですよ。航空班の整備班に行っている先輩に。整備班でも地上整備と空中整備があるんですよ。飛行機に乗ってする整備と、地上の格納庫です

る整備と。そういった細かいことは知りませんけどね、航空班に行っ
ておった者が、私の内務班におりましたので。私の近くに寝ておった
んです。私と同じ、福岡から来た者が、それの戦友だったんですよね。
それで、聞いたことがあるんですよ。それは千葉出身でしたがね、先
輩は。今、細菌学、防疫学を勉強するようになったんだけど、飛行機
に乗るのにどうして必要なんだと。そしたら、「731部隊では、防疫学、
細菌学をしっかり身に付けていなければ、どこの部署でも配属になら
ん。」という事を言われたわけです。「とにかく細菌学、防疫学をしっ
かり勉強して、成績を上げなければ、いいとこへは、配属にならんぞ。」
いいとこというのは、私は、航空班に行きたかったですから、先輩た
ちのように、飛行機に関する業務に就こうと思えば、いい成績を修め
なければ、行けないという事で、一生懸命勉強するようになりました。
航空班に行ける自信はあったわけですよね。私は、入隊して、関東軍
査閲官賞をもらったんですよ。成績が優秀なアレで。関東軍査閲官賞
をもらったわけですよ。そういう事で、絶対飛行機に乗れるというア
レがありましたね。

近藤：でも、半年以上たってても、誰も教えないわけですね。部隊で
何をやっているかは。

小笠原：いや、実習から帰って来た先輩たちは、「俺とこのマルタは、
今日は酷い目にアレした。だから飯は食べられん」とか「お前、飯食
べろ」と言って、もらって飯食べるとかいったようなことはありまし
たよね。マルタをどないしたんだ、解剖というアタマは全然ありませ
んでしたからね。だから、ああいう標本作るなんかしたんじゃなーと
いう風なアレですよね。そういったような教育を受けて、1年間基礎
教育を受けたんです。それで配属になったのが、第2部ですね。第2
部というのはご存知のように、航空班なんですよ。当時の2部長が
ここにおりますよね。碇〔碇常重〕さんですね。これ〔この写真〕が
教育部長園田〔園田太郎〕、碇部長です、第2部長だったです。その
第2部の第1課の課長が、増田〔増田美保〕少佐ですね。私は第2部
へ申告にいったわけですよ。

近藤：その2部の第1課に入れたわけじゃないんですか。

小笠原：じゃないんですよ、第2課なんですよ、田中班は、皆第1部になっ
ておるんですが。今までたくさんの本が出ておりますがね、田中班は
第1部に所属していた時期が長いんだけどね。私が入隊した当時は、

もう第2部第2課なんです。

近藤　：前は1部にあったこともあるんですね。

小笠原：前は1部だったんです。第2部というのは、攻撃班ですからね。

近藤　：実戦ですね。

小笠原：ええ、その1課長が増田少佐だったわけです。2課長が田中英雄。この時は、まだ陸軍技師の時代ですよね。これが資料を提供してくれた伊地知俊雄ですよね。だからこのメンバーのアレを教えてもらえんだろうかという事でね。……軍服を着た分があるんですよ。田中、これが一番端に来てね、軍服で写ったのがあるんですよ。それで、これが北野政次ですね。これが大谷〔大谷章〕少将、これが大田〔大田澄〕大佐、これが中留〔中留金蔵〕大佐、総務部長の。これが教育部長西〔西俊英〕大佐、いや西じゃないよ、園田。西が来たのは、19年、44年ですからね。

　　　　これは43年の創立記念日ですからね。これが田中大尉です。

近藤　：淳雄（あつお）さんの方ですね。

小笠原：ええ、淳雄です。これが当時少年隊長の田部邦之助少佐ですね。

近藤　：田部さん亡くなりましたね。

小笠原：ええ、企画課の室長かなんかをやっていたんですよ。これは、あまり左右がはっきりとわからんのですねぇ。増田少佐なんかは写ってないからね。

近藤　：中尉の中岡さんですか、中田さんですか？

小笠原：松岡〔松岡清〕でしょう。松岡中尉もこれに載ってない。印象がぼやけて、私ら毎日顔を合わせていなかったからね。航空班ですからね。

近藤　：それじゃ、田中班の話をちょっと。

小笠原：それで、私が第2部第2課の田中班に配属になったのは、44年の4月1日ですね。その当時の田中班の課長、班長ですね。田中英雄陸軍技術中佐です。戦後、大阪市立医科大学の学長を務めた人ですね。その下に阿部〔阿部徳光〕大尉、それから田中大尉、松田中尉。

近藤　：阿部さんの方が上なんですか、田中淳雄さんより？

小笠原：いやいや、田中は軍医ですから、阿部大尉は薬剤ですからね、がおりました。で、下士官は、浜崎〔濱崎水雄〕軍曹、小山〔小山敏鷹〕軍曹、まあ曹長ですね、もう。と言った人たちや、班長、田岡〔田岡熊雄〕軍曹、中井〔中井英雄〕軍曹、渡辺伍長と。庶務をやっておった米沢〔米

128

澤隼〕という准尉がおりましたよね。衛生准尉が。そういった意味で、10人ぐらいの軍人さんはおりましたよ。その他、だいたい田中班が65〜70人ぐらいの編成だったと思うんだけど、それは全部軍属ですね。高等官の技師が1人。

近藤：1人ですか、技師は。

小笠原：ええ、技手が4人ですかね、判任官の。あとは雇員ですね。私たち少年隊員9人が庸人ですね。田中班には少年隊から私たちが初めて入ったわけです。先輩がいなかったわけです。田中班に配属になって、私は田中大尉の当番になったわけです。そういう関係で、田中大尉の研究室には当番だから、自由に出入り出来たのです。それで、3か月間田中班で動物学、特に昆虫学、ノミですね。動物学は小動物、ネズミを主体にした、そういった基礎教育を受けたわけです。

近藤：またそこでも教育を受けるんですか。

小笠原：ええ、その部署、その部署で、専門とする。

近藤：学科があるんですか？

小笠原：ええ、学科があります。で、私一番最初、実習教育で受けたのは、ラッテと野鼠を使っての、いつ共食いをするのかを観察するわけですね。

　ネズミの飼育箱に15匹から20匹ぐらいのネズミを入れて、餌をやらないんですよ。そしたらいつぐらいから、共食いを始めるかという事の観察記録。それはただ、殺したという事ではなしに、まずどこで殺して、食べるのはどっから食べて、どういう食べ方をしておったとか、そういった細かい記録を1人1人全部レポートをやる、提出しなければいけないんです。

近藤：その時点では、わかっていましたか。細菌戦部隊だという事は。

小笠原：まだ、そこまでは実感として受けておりませんでしたがね、私がそういった教育を受けて、私が実習するようになったのは、ペストノミを繁殖させる係になったからです。それは田中班に9人配属になった中で私1人ですよね。

近藤：どういう事をするんですか。

小笠原：いわゆるペスト爆弾に使うペストノミを育てるわけです。ペスト菌に強い耐菌力のあるノミを増やす仕事ですよね。それの実験、実習をしておったわけですよ。そしたら阿部大尉も研究しておったわけです。人間の血、馬の血を脱脂綿に入れて、吸わせて、吸血するかど

うか、そういったこともやっておったんです。そういうことをしている間に私は、いわゆるロ号棟ですよね、第1部と4部のあった所ですね。そこへ行くようになったわけです。というのは、血を受け取りに行かねばならない。ネズミに吸わすための。人の血でやってみたり、馬の血でやってみたりするわけですよ。

近藤　：ロ号棟のどこにもらいに行くのですか。

小笠原：私は、馬の血は、1部の植村班ですよね。〔戦後〕文部省の教科書検定官やっておったのがいたでしょ。つい何年か前に辞めたあの植村肇（はじめ）少佐のとこへ、あれは脾脱疽の研究をしていた、脾脱疽班だったんです。そこに血を受け取りに行ったわけです。

近藤　：あそこで血をもらうのですか。

小笠原：ええ、血を受け取ったのを、コルペンに……血清にして……それを田中班に持って帰っておったんですよね。そういうことで、今、八幡におりますよね、谷口というのがおるんですが、あれらは第1部の二木班におったんです。二木班では結核の実習をやっておったんだけど、二木班の裏に7，8棟があったんですよね。「俺のとこ来たらマルタが見れるから来いや」、私ら、興味がありますからね、当時。ましてや、女がおると。べっぴんさんじゃと、天使みたいな女じゃというもんじゃけ、余計にそんな女は見たいわって。それで、谷口の所へはよく行ったのですよ。

近藤　：二木班に？

小笠原：二木班に。梅毒の研究をしておったんですがね。なぜ谷口の所へ行ったかというのは、マルタが見れるという事と、結核は鶏卵培地を使うからね、卵がいつ行っても、余計あったわけです。それをコッホ釜でやったらすぐ茹で上がってしまいますよ。何分もしないうちにね。そしたら10個でも20個でも食べられますからね。私なんか、下痢をするほど、卵は二木班に行けばあるんですよ。そして、植村班というのは馬を、脾脱疽の研究しておった関係で、馬を殺しますわね。全身採血なんかをして。そしたらその馬肉があるわけです。その馬肉を、植村班の藤井という衛生隊の人にもらって、谷口らに「肉を食べ」って、そうしたことがあるんですよ。植村班では、なかなかアルコールが手に入らないんですよ。田中班には余計あるんですよ。飲料酒精ですね。飲めるアルコールですね。消毒用に。検疫所をやっておったからね、野鼠の。各支部から送られてくるネズミの。

そういったことで、植村班ではアルコールが手に入らない。私らな　んぼでも持って行って、アルコール渡したら、どんどんくれるわけで　すね。田中班には、後には現役の兵隊も来て働くようになりました。　兵隊たちは給料少ないでしょ。だから「すまんが、酒を買うてくれ、　煙草を買うてくれ」って言うわけですよね。

近藤　：それで、二木班へ行ってマルタは見ましたか。

小笠原：生活している状態は見ましたよね。向こうが白い饅頭、パンです　ね。を出して、私たちも、丸坊主だし、年齢が若いのがわかります　ね。同情したかどうか知らんが、「食べんか、食べんか」という風に、　ゼスチャーしてね、（こちらは）「要らん、要らん」と言うてね…。

近藤　：え、マルタとのやり取りですか？

小笠原：そうそう、そういうこともしましたよ。

近藤　：7，8棟で？

小笠原：ええ、私が思うには8棟が近かったんじゃないかと思うんだが。　棟が二つあったです。

近藤　：それは中庭に出たときか何か。

小笠原：いや、窓から。運動に出てくる女がおるから、ロシア人の。ロ　シア人と決めつけておりましたね。それは、いわゆる白色人種だから、　ロシア人と決めて、それを見て帰れというんで。しょっちゅう行った　んだけれども、1回も見ることは出来ませんでした。ただ、おること　だけは間違いない。谷口だけじゃない、浦田龍雄とか私の同僚も行っ　ておりましたからね、二木班に。先輩の矢崎と言うのがおりました　し、この矢崎と言うのがまた大酒飲みでね。藤井にアルコールを持っ　て行って、肉をもらわなけりゃとか言ってね。

近藤　：ロ号棟の方と7，8棟とはやり取りができる？

小笠原：やり取りは出来ませんよ。一旦階段降りて、行かなければね。　ただ窓越しに見れるという事だけでね。そういうこともありましたね。　それと植村班と二木班は隣り合わせの班だったですね。研究室が隣に　なっていました。二木班は班長が二木秀雄。医師ですよね。この人が、　非常に豪快な人でね。

近藤　：柔道なども強い。

小笠原：うん、なんかこう、本当に武道家らしい歩み方をしておりまし　たよね。

近藤　：ネズミを飼って、ノミをたからせると。それを毎日毎日やるん

ですか。

小笠原：そうです。それで、私は田中大尉の部屋を毎日掃除しなければいけないし、その時に机の上に「P攻撃」と書いた資料があったわけですよ。だから、Pと言えばペストだと、どういう事が書いてあるんだろうと、その「P攻撃」と書いてある資料をめくったわけです。そしたら、生体攻撃をしている1人1人のカルテです。森村さんは、『悪魔の飽食』では、番号にしてしまわれて、名前も何もマルタには無いんだと、決めつけておりましたね。そうじゃないですよ。私の見たものは、中国のどこそこの生まれで、だから普通のカルテと同じです。名前もあり、家族関係も全部記録した立派なカルテです。

近藤　：それは、マルタのものだとわかりました？

小笠原：ええ、それ全部写真も付いておりまして、何月何日にP攻撃をしたところ、このような症状のもとで、ペストに感染して、発病して、その病状をずっと書いておりましたよね。それは、ドイツ語と日本語で。何故、私が興味があったかというのは、そのカルテはほとんど中国人か韓国人だったと思うんですよね。何じゃ、何じゃと読めない字がたくさんありましたがね。そういうのに関心を持って、私らドイツ語は必修科目ではなかったけれども、ドイツ語を少年隊で勉強しておったんです。そういうことで、カルテにはどういう風に記入するんだろうかと、その関心でそのカルテを1枚ずつめくってみたわけです。そしたら病名で、肺ペストという病名が付いたカルテには、観た翌日には死亡と言う風な、肺ペストに罹ったら早う死ぬんじゃなあっという事がすぐ分かったですね。遅くても1週間から10日以内には、そのカルテが変わりますよね。そしたら新しいカードに、新しく攻撃される当時マルタと呼んでおった人たちが実験材料として使われておったという事になりますよね。それで、肺ペスト以外に、皮膚ペスト、それから目のペスト、眼ペストと言った病名が付けてあった者は、1週間から10日、2週間ぐらいで死亡になるわけですよ。ペストでも、皮膚ペストや眼ペストでは早く死なないんだなと。細かい記録を図解して、リンパ腺の腫れ具合だとか、いろんなことを全部記録しておりましたよ。ああ、こういう風にしてカルテを書くんかなと思って。

近藤　：それは田中大尉の手元にあったんですか。

小笠原：ええ、そうです。だから軍事機密ですよね、これは。だけど、同じ田中班だから、しかも一室だから。こんなもの公然と機密も何も

ないですよね。重要書類であったことは間違いないでしょうね。私は当番で行った隙に、ずっと見るわけじゃないですよ。別に餌をネズミにやる必要はないんだからね。ただ、死んだときに、分離しなくちゃいけない仕事はあるけどね。ペストノミの研究実習をしておった時に、作業そのものは楽だったわけですよ。

近藤 ：ペストに感染したネズミに、血を…そこまではいかなかった？

小笠原：そう、それは同じ田中班でも、松田中尉が頭でおったわけです。相沢技手という人も、…それは第2棟にあったんです。田中班は四つ棟がありますよね。そのうちの1棟は、私たち。

近藤 ：ノミの飼育？

小笠原：いや、ノミの飼育をしておったのは、私と大野さんという指導者がおりましたがね。ノミの兵器のために大量生産しておったのは、3棟からですよ。3棟、4棟。4棟というのは45年に出来たんですからね。

近藤 ：図面見ると、4列ありますね。

小笠原：これは、間違っておるんですよ。これは、こういう風になっておるわけですよ。

近藤 ：ああ、こういう向きなんですね。この4棟がこっち向きに、こうなっているんですね。東西に伸びている。

小笠原：それで、部隊展で使われた模型がありましたがね、あれなんかも全然違っていました。

近藤 ：どっち側から1棟と呼んでいたんですか。

小笠原：手前から、南から1棟、2棟、こういう風になっているわけですね。それで、正門がこっち。あの模型にも私いろいろと指摘したんですけどね。死体焼却場がここになっておってみたり…。

近藤 ：え、これ違うんですか。

小笠原：ええ、これは動物の分じゃないですかね。死体焼却炉と言うのは、高橋班になってるけどね、全部これ。これはちょっとおかしいんですね。石川班、岡本班、高橋班、笠原班というのがあったんですね。田部井班もあったし、野口班、凍傷の吉村班ですね。

近藤 ：ここから門を通って、こう行けば。

小笠原：そうじゃないんですよ。植村班に行くにはここからすぐ行ける道があったんですよ。鉄道は、これは正しいですね。……ロ号がここにあったんですよ。浙贛作戦の頃、チフス菌や赤痢菌を培養した所が

133

あったんですけれども、私が行っておった頃には、空き家になっておりましたね。

近藤 ：ちょっと、業務感染のお話を聞かせていただけますか。2棟の方でペストノミを。

小笠原：結局、細菌爆弾を製造していると、はっきりと聞いたのは、私がペストノミの飼育係をしておった時に、少年隊の田中班の指導係の小山〔小山敏鷹〕という衛生曹長が、部隊長の訓示を言ってみろと言ったので、「それは皇道精神の具現徹底です」と答えたら、「今、田中班でお前が飼育しているペストノミは、ペスト爆弾になるんだ」とペスト爆弾の研究をしているのが田中班だという事を聞かされて初めて知ったわけです。皇道精神の具現徹底というのは、全世界を日本が征服して、天皇陛下が世界の人々からあがめられるようにするのが具現徹底なんだと。そのために細菌戦は必要なんだと。敵を殺してしまわなければいけないんだから、今ノミそのものは小さいものだけれども、ノミ1匹の戦力的効果は戦車1台にも相当する爆弾になるんだと。そのペストノミが、どのノミを使ったら、一番効力を発揮するかという事を、今お前はやっているんだ。いわゆる細菌兵器の取扱者になっているんだという事を聞かされて初めて、私はカルテを見て生体実験をしている事を知っていましたからね、月に40人から60人の人が細菌爆弾開発のために殺されているという事を知ったわけですよ。

~~~~~~~~~~~~~~~~~~~~~~~~~~~~~~~~~~~

■ 質疑応答

質問：731部隊に入隊した方々を見て、国のために命を捧げる、家族のために仇を討つなど、これだけ徹底した教育をした国って、歴史的にあったんでしょうか?

近藤：その教育を一言にして言えば、報国無私です。私を無くして国に報いる。全体主義的な国家思想に汚染されるそういう国のイデオロギーは大体こうなります。ナチスを見てても同じような経路をたどっ

ていますし、特に仇討ち精神というのが、日本の場合は、武士道と共に強制されてきて、仇討つことは、己を無くしても、兄のため、親のため、国のために仇を討つことは美徳とされている国、そういう精神というのはずっと教育されてきて、特に戦争中は一番昂揚して、発揮される状態なんだと思いますね。

この方は、当時憧れの飛行少年に自分もなりたいと、兄の仇を討って、たとえ自分が死んでも、それは国のためでもあってという、一途にその路線を走っていったんです。ただ、この方は、731部隊展が全国あちこちで催される時期に、かなり早く名乗り出てきて、自分の体験談、悲惨な戦争の実態を語ってくれました。昔の皇道精神に生きて喜んでいるというような事を悔い改めるまで、50年近くかかったと本人は言ってました。731部隊員でこういう経験をしたんだと名乗り出、731部隊展なんかで話してくださる方が、まだ3人とか4人とかぐらいの頃なんですね。

小笠原さんが出てきた当時は、まだ右翼の暴力沙汰や妨害が激しかった時代でした。

実は、私らにも内緒にしてたんですが、この方が731部隊展で証言すると、右翼から襲われたんですよ。さっきのインタビューをしている時は、ようやくある晩に、襲われた傷が癒えて、退院してきたところを、取材させてもらった時なんです。ちょっとビデオではわかりにくいですけど、ここんとこに白っぽくなった傷跡があったんですけどね。

ある晩、731部隊展で証言をした後、自分の広島のアパートに帰る途中で襲われるんです。同じ職場の仲の良かったおばさんが、催しがあった以後何日も出てこないので、心配してアパートを訪ねて行ってみたら、血まみれのまま、布団ひっかぶって寝てたと。「なぜ、医者行かないんだ」と聞いたら、どうも前の晩に、ゴルフのクラブで横合いから、いきなり暗闇で殴られたらしいんですね。「いい加減に口を慎め」みたいなことを殴ったやつが言って、逃げて行ったそうです。後で私がその話を聞いたときに、「どうして、隠していたんだ、医者にも行かなかったんですか」と言ったら、「このことが表沙汰になると、新聞記事になるかもしれないし、記事になったら、同じ731部隊の元隊員たちも名乗り出てこなくなるだろう」と。「自分と同じ目に遭うかもしれない怖れが重々あるので、このことは一切内緒にしてくれ」と。そういう約束でインタビューに答えてくれて、その後も、金沢、広島、大阪の部隊展で、さっきのビデオのような証言をずっと続けられていたんです。この方を心配してずっと面倒を見ていた広島の日中友好協会青年委員の人がいらしたんですけど、その人ともその後、連絡を絶っ

ちゃって、行方が知れないままに今にいたっています。それでも、行方が分からなくなるまでは、証言をひたすら続けていました。

質問：731部隊員を「大陸で日本の陸軍が水の衛生管理をしていたのが731部隊だ」と、僕たちより若い世代は教わっているのですが、なぜそういう現象が起きるのかをぜひ教えて下さい。

近藤：一番大きいのは国の施策と教育界の責任だと思います。日本では731部隊の行為に関しては、戦犯には問わないというアメリカとの闇取引が成立して、一切伏せられたわけです。その線に乗っかって政府も、ずっと公にしない。

　先ほどのインタビューで、植村班と二木班が隣同士で、マルタを覗き見たというところで、植村肇という名前が出てきました。彼は戦後、文部省に入って、教科書の検定官をやって、子供の教材から731部隊の戦争犯罪、部隊の戦争責任の記述を一切削除する立場に回って、教科書に載せなかった。

　1982年、家永三郎さんが80何文字の731部隊についての記述を削除された検閲を不服として、国を相手取って、裁判を起こしたのが第3次家永教科書裁判。それでようやく最高裁まで争って、731部隊の非道な行為が、認められた。しかし、それでも、日本政府は、関連資料などは一切公開しない。

　戦後の日本学術会議で、若い医者たちがこのことを暴露して、検討してちゃんと決着をつけようという声をあげたのを無視して、その当時の実力者たち、実際には731部隊の隊員たちの恩師や先輩なんですが、「このことは、もういいじゃないか。私たちが目を見張っているから、もう起きない。」と言って、そこで隠蔽しちゃうのですね。それっきり、医学界でも、さっきの公開質問状を書いた人たちも、1975, 6年頃まで、ずっと伏せられたままになってしまいました。

2016年12月16日ビデオ学習会　731部隊員の証言シリーズ／第8回
初出：NPO法人731資料センター　会報 第22号 （2017年6月27日発行）

栄1644部隊の陣容と攻撃
（中支那派遣軍防疫給水部）第2科所属
田中辰三さんの証言
（1994年取材）

栄1644部隊（中支那派遣軍防疫給水部）第2科所属
長野県安曇野市在住
寧波・常徳・浙贛作戦を実際に体験した数少ない証言者のひとり
人体実験の被験者「マルタ」が夜中にトラックで搬入されてきたのを目撃
マルタの逃亡事件
731と1644とで編成された「奈良部隊」について詳しく証言

解説：近藤昭二
（ビデオ上映前の解説）

　今日は、731部隊と兄弟のような関係にあった部隊、栄1644部隊についての証言を聞いていただきます。1994年、22年前に取材したものです。この取材の経緯についてちょっとふれておきますと、現在でもこの1644部隊の実態はなかなか解明されておらず、漠然とした輪郭しか分かっていないんですが、1994年当時はもちろん全く証言が得られずにですね、部隊員たちの所在さえもまだはっきりしなかった時代で、たまたま松本市で「731部隊展」が開催された時に、地元で名乗り出た隊員の方がいてお話を聞きに行ったんですが、当時は森村誠一さんの『悪魔の飽食』が騒がれていた時代でもありますし、"悪魔の飽食""悪魔の部隊員"と言われている中ですから、余計口をつぐむ人たちが多かったんです。

　そんな中で、「知っていることだけならしゃべろうか」と言って、名乗り出てこられた方がこの田中辰三さんでした。長野県の安曇野市にいらっしゃった方です。最初、頭の方はビデオが回ってなくて、ちょっと切れてますけど、話している内容は1644部隊にもマルタがいたのか、監禁されていたのか、人体実験があったのかというやり取りの中で、トラックに積まれた

マルタが、搬入されてきたのを知っている、という話のところから始まります。

　当時はまだ、731や1644は細菌戦をやったことも知られていませんで、この中で初めて、731と共同してやった、寧波、常徳、浙贛作戦と連続した細菌戦を実際に体験された話が後半のところで出てまいります。中国人に変装して敵陣に入っていく件は、しぶしぶなんですけれども、少し話して下さった。私にとっても、実際細菌戦をやったんだという事実に突き当たった初めての機会でした。

　では、早速ご覧ください。また、わからない所がありましたら、後ほど質疑の時間ででもお答えします。

───────証言ビデオ───────

〔 〕は編者注

田中：輜重隊（しちょうたい）が1644を警備だけしてくれました。どっからか来た。それが、〔昭和〕18年か17年の最後だった頃に南方に行くと言って、みんな輜重隊が引き揚げちゃったですよ。それで警備が無いから、それでやれって言われたですがね、その時、わしは上等兵になってたし、衛兵のアレなんかほんとに、歩哨係や衛視係をしただけで、裏門にも立ってみなかったけれども、裏門に立った人は、「今日もマルタが来たぞ」というようなことを言わしたですがね。

近藤：何で〔マルタを〕運んできましたか？　トラックで？

田中：トラック、今の幌みたいのをかけて、わしらが交替に行った時なんかは、あるいは「裏門を開けろ」と言われた時には、一緒に兵隊と行って、開けてずっと入ったけれども、それは単車で何も警備も何も無かったですよ。何が付いているか何もわからなかったです。

近藤：窓なしのやつですね。窓がなくてただ幌がかかっている。

田中：ええ、幌かけてあったね。いわゆる今の軽の後ろの貨物に幌が付いているような。

近藤：鉄でした？

田中：いや、そうじゃない。普通の今の幌みたいなものだと思いますが。サーっと通っちゃったから。

近藤：大抵は夜中に運んだんですか。

田中：夜中。これは夜中きりだったですね、運んだのは。

近藤：最初、行かれた時の隊長さんは誰でしたか。

田中：増田中佐

近藤：知貞（ともさだ）？

田中：名前は何と言ったか、栄1644部隊石井隊南京支部の増田隊長となってましたね。南京の飛行場のすぐ北だと思うが、西かも知れない。方向なんか覚えていないが、元の防疫、……（袋から1枚の写真を取り出す＝部隊表門の写真）この部隊ですがね、南京飛行場の、わしの感ではすぐ北だと思うけれども、あるいは西かも知れんが。

近藤：（写真を見て）これ最近行かれたんですか。6年ぐらい前に。

139

田中：これは、これを送ってく
れた横浜にいますけれど、こ
れを先に送ってもらってね、
そして、これは松本でもらっ
てきた。これを送った深野っ
ていう…

近藤：深野さん、深野利雄さん？

田中：ほう、御知りですか。

近藤：アー、僕、深野さんがマル
タが逃げ出した話を、夜中
に部隊を挙げてみんなで追っ
かけ、捜し回ったという話を
…

田中：さっき、わしも話をした
けれども、それには一晩中、

1644 部隊の門

いろいろ捜したが、遂に分からなかった。深野もそう言ったですか。

近藤：そうらしいですね、見つからずじまいで。これは深野さんが、戦
後すぐに、昭和25年頃に、自分が見たマルタが逃げたときの話を、
知り合いの作家に話しているんですよ。小説書く人に。その人から聞
いたのです。それで僕は深野さんを捜そうと思ってたところなんです
よ。

田中：そうですか。この間戸隠に来ましたけれどもね。詩かなんか書い
てしょっちゅうわしに送ってくれますけれども。全国の詩の大会で戸
隠へ行くって、それで田中さんの所へは是非お寄りしたいと。と言っ
て寄越したけれども。

　連絡が悪くて、わしと連絡の取りそこないっていうか、こっちは、
スイカと田植えの忙しい盛りで、それで「是非来いよ」と返事をやっ
ただけで、連絡を取りっこなしだったもんで、どうも深野さんはわし
らの家へ泊まるのじゃなくて、どっか松本で宿屋を捜したいと言うけ
れども、6月の21日から来て、23日と24日を上田の戦友かなんか
が病気で倒れたって、それでそこへ回って御悔みをしてだか、それか
らわしらへ回ると書いてあったので、そう思っていました。そうした
ら松本に旅館が取れないから、このまま帰ると24日に電話をよこし
てね。

近藤：先月。

田中：ええ。

近藤：ああそうですか、お元気なんですね。

田中：元気だ、元気だ、あれは元気だと思います。別れてからは1度も行かないですがね、手紙ではしょっちゅうこの731部隊。

新井：同じ第1科、それとも第2科か、第2科に深野さんはおられたんですか。

田中：これはね、深野がですか？　深野はどうも事務所〔庶務〕にいたんだと思う。わしもそれっきりで、18年に別れたっきりで、どこにいたか覚えがないが、だけども、年賀状から何からしょっちゅう寄越してくれますが。

近藤：昭和27年に、深野さんが仲の良かった人に「ここだけの話だぞ」ということで、物書きの方に話したんですよ。結局、その人は小説には書かなかったんですけど、話を聞いたときに、それを全部書き残してたんです。それに出てくるんですよ。マルタが逃げた話とかですね、それでオカモトムネオさんとかですね。

田中：オカモトムネオ、わしは知らない。

近藤：それから、カンノハジメさん。

田中：ジンボじゃないですか？　神（かみ）の保（ほ）じゃないですか？

近藤：その方はどこの出身でしたか？

田中：それは東京だった。東京の被服廠に勤めていると言った。これはわしの勤務していた培地〔班〕へ来ていた少年兵だった。

近藤：培地班の人。

田中：ええ、

近藤：少年兵。

田中：そうです。400名の口で来たと思います、これは。

近藤：それとかコレラ〔班〕の所にいた方で、ニシヤマタロウという、御記憶ないですか。

田中：ニシヤマタロウ……コレラ班にですか。

近藤：これは、深野さんが言った話なんですよ。当時27年頃。それから赤痢の部屋にノムラキイチという人。

田中：野村というのは死んだじゃないですか。わしらと同年だと思うね。

近藤：あちらの兵庫の方の。

田中：イヤ、違う。長野県だわ、それは。わしの知ってる野村はね。

（6）田中辰三さんの証言

141

近藤：野村なんとおっしゃるんですか？

田中：名前の憶えがないわ。

近藤：長野の人で。

田中：これは、北信だったがね。山の方だね。

近藤：あと、カタヤマヤスオ、この人は食中毒の班にいた。

田中：食中毒の班、栄1644部隊で？　食中毒、あとから入った人だと思うがね。

近藤：あとはですね、サンジョウさんという方、盛岡から来た人。

田中：アンジョウ？（サンジョウ）それは違うな。

近藤：あと、大分から来たカイという人がいると言うんですけれども。この人は狂犬病のワクチンをやっていた。

田中：ほう、狂犬病判定は検索2課のわしらの班で、狂犬病ってば、服部大尉とか、それの室だったですがね。（狂犬病が？）ええ。狂犬を檻の中に飼って、犬が檻の中で、目やにをたらしたり、いろいろしてそれからわずかのうちに死んだですがね。そこでやっていたですけど。狂犬病班はわしの2科だったから。よく、わしは培地だったからいろいろの培養物をこしらえちゃいたですけれど。

近藤：やっぱりシャーレで。

田中：ええ、シャーレでね。それに載せて、一晩孵卵器へ入れてコロニーの出るのを取って、そしてそのコロニーを培養して、いわゆる今の腸チフスやパラチフスをするようにするのがわしらの仕事だったですから。

近藤：これ全部で何科あったんですか。

田中：1科、2科、3科、診療部とあったですがね。それで、この部隊は本当は、ほとんど1棟には何にも無いから、面会の人は1棟は入れたんですけれども、それからあとすぐこれから廊下につながって、診療部があって、それから1課、2課と一緒の棟で、それで3課の棟があって、滅菌室がここに出来たんですがね。

近藤：そうすると2棟？　2棟あったんですね。

田中：イヤ、わしらの上が1課で、その下がわしらで、3課はまた廊下があって、やっぱり鉄筋コンクリートの建物ですがね、3科が。

近藤：こういう風にこうなってたんですか。

田中：あのね、この間に診療部があったですよ。こっち側にね。それからこれが2科になるんですね。

近藤：これが２科だとしますね。３科は離れているんですか。

田中：３科はね、これが１棟だったら、これが２棟ということになりますわね。３棟がまたあって、（こっちが表ですね）ええ、（こっちが表で、これが１棟、ここが１科で）イヤ違う。（２棟めが１科で）わしらの上が１科で、（ここは）これは事務からね、隊長室からなにからみんなここにあったですがね。（これが１棟なんですね）ええ、それが１棟。それで６科まであったと思いますが、これがあのエレベーターで（エレベーターが付いてる）ええ、南京には２棟あっただけですよ。南京飯店かな、エレベーターがあったけれども、その当時は。

近藤：６階建てですか。

田中：ええ、６階ですよ。

近藤：この先に３棟が。

田中：それは小っちゃいがね。そのぐらいなもんですけれども。

近藤：そして、ここにまたこう廊下が付いてるんですか。

田中：渡り廊下になっている。

近藤：で、ここが３科？

田中：そしてここの横にアレがあったですよ、滅菌室が。こしらえたですよ、わしらが行ってから。それからでかいボイラーなんかが三つ並んでね。人間も生で消毒できると……わしらも詰めたり、開けたりして滅菌はしたけれどもね。

これも深野が送ってくれたのですね。この間、731 行ってきましたと言って。松本で〔731 部隊展を〕やるのを案内したら。深野はなかなかの詩人、わしは事務室にいたので、田中さんと言って呑気な話をするようだったけれども、この間上田からわしが電話をかけたところ、はっきりした声で人物が違うのかな思いますね。今考えてみりゃ。事務所にいたのですがね。２科の事務所にね。

近藤：事務はそれぞれ別々にあるんですか。

田中：ええ、細菌検索は３科まであってね、そしてあと、財務課、いろいろな材料をアレする財務課、いわゆる部隊の方じゃ経理の方ですがね、そこで自動車なんかを取り扱っていたから。そっちに回ったものは衛生兵の事なんか、全然知らないですよ。

それで、安曇の上条というのはこれは早く、財務課で、朝早く野郎点数取りに暗いところで電気を付けようと思って両方の手を入れたらそこで死んでたけどね、信州新町に吉田っていうのは、これは３年ばっ

か先に死にましたけどね。これは財務課にいて、いろいろ自動車何か
を直していたけどね。

近藤：吉田さんというのはどこの方ですか。

田中：信州新町という長野行く途中の。そこには、木曽の堀兼というの
　　　もいたですけどね。これは工場員でどっか三菱の飛行機工場に入って
　　　たもんで、ちょっと優遇されて、先帰っちゃったんですよ。16年頃
　　　かな。今じゃ便りもなにもないからどうも死んじゃったじゃないかと
　　　思うけれども。

近藤：服部大尉というのは、どこの方かわかりますか。

田中：それも、わからないです。もう軍医さんは、わしの知っている情
　　　報では、信大の法医学部に入った野中中尉、これぐらいなもんで、こっ
　　　ち帰ってからには、いろいろな病理研究……。

新井：今、その方存命してます。

田中：いやいや、10年近く前かな、亡くなったですよ。東京の人らしい、
　　　東京に家族を置いて、信大来て、教授やってたですがね。服部大尉っ
　　　てどこだか。それから、東京だ、東京だと言ってたけれども、病理解
　　　剖室なんかは渋沢っていう中尉からね、小林少尉、そして、中尉なん
　　　かが随分いましたが。

近藤：渋沢中尉とか小林少尉というのはどこの科の人ですか。2科？

田中：ええ、2科だったです。

新井：信大の野中さんとはこちらでお会いしたことがあるんですか。

田中：わし、仕事に行ったことがあるから。会って話はしたんですけれ
　　　ども、それで元朝鮮大学の教授をしていて、召集されて栄1644部隊
　　　へ入ったんです。

近藤：1644はサカエと言うんですか。エイではなくて。読み方として
　　　はサカエと呼んでいたんですか。

田中：サカエと当時から呼んでました。サカエ1644部隊。エイじゃな
　　　くて。それでこの部隊は秘密部隊として、いろいろな軍務に関するこ
　　　とでもみんな中支派遣総司令官の許可を得なければ、部隊に出入りは
　　　出来ないということになっていたもんです。
　　　　面会人もいろいろ、ただ単なる面会は面会室に行くだけで、軍の事
　　　は何にもわしは知らないですがね。それで南京にいる人たち、わし
　　　は南京いる人たちは村でも1人知っているだけだったんで、ろくに
　　　面会も来なかったですけれども、安曇の人でよくわしの所へ来る総司

令部の、なんか副官かの、総司令官じゃないと思うが、その自動車の運転手をしていた人で、安曇の人がわしの所へ来てくれたり、その人に自動車に乗せてもらって下関（シャーカン）の所へ行ったですがね、わしが乗ってても、前に赤い旗がささっているもんだから、向こうじゃ捧げ銃（つつ）していたような状態です。

近藤：歩哨もやられたことあるんですか。

田中：歩哨やったですよ。ええ、アレが引き揚げたときにね。そんなのは２度か３度でわし帰っちゃったですがね。歩哨と言っても本当にあそこは厳重だからいろいろと司令官が来てやかましかったですがね。

近藤：２階は、鉄格子なんかはあったんですか。なかったんですか。

田中：と思いますよ。階段の所に銃剣を持って、わしらの同年兵だけれども、上へあげなかったからね。わしらは分からないですよ。

近藤：マルタは、２階に上げたまんま。

田中：そう、２階へ上げたまんまで、死体もどうなったか知らないですがね、結局、２科の病理で解剖して、骨なんかをドラム缶でグツグツ煮て油を取って、ブラシで油を取って、その骨を北里研究所、東京大学、そして京都大学、それから熊本大学へ送ってたですがね。

近藤：骨をですか。

田中：ええ、骨をね。人体構造それで、だけど１人の人で１遺体は出来ないでしょう。だから、これは胸骨を今日は油を取って送るとか、腕の骨を取ってとか、大腿部の骨を、これはどこへ送るか、北里研究所に送るとか……でもこれには北里研究所ではなくて芦屋だったですかね、それで出てて、これはわしは知らないなと言って。

新井：標本ではなくて骨だったんですか、送ったのは。

田中：標本ではなかったです。

近藤：軍医学校には送ったことないですか。

田中：軍医学校っていうのはどうも。北里研究所じゃないかと思ったですがね。軍医学校へ送るっていうことはなかったです。大学の研究室やあれで。後でこっちで北里研究所をいくら探してもないから、こないだも行って聞いたら、これに書いてある芦屋って言いましたかね。

近藤：芦屋ですか。大学・学校ですか。研究所かなんか。

田中：軍の研究所だと言って、これ〔部隊展〕に出ていますがね。どっかにあったですね。

新井：これじゃなくて、なんか他のじゃないのかな。

田中：他の何かだったですかね。これ〔部隊展〕の中に入っていると思ったんですがね。この間お見せしたよね。

新井：え、どれでしょうなあ。他のものかいね。

田中：まあ、そりゃそれでもいいけれども。送るには骨は送ってありますよ。京都大学やアレは。実際の人間の骨格があると思いますけれども。実際のものじゃないぞと言うけど、わしらそれ、油を一生懸命ドラム缶でもって。

近藤：煮ると取れるんですか。

田中：石鹸を入れて、煮て、硬いブラシでもってこすって、油を取って、そして送るはどうやって送ったか。部隊で送ったかよう知りません。これは北里研究所へ行く、あるいは帝国大学へ行くって言って、聞くには聞いたですよ。

近藤：マルタを外に散歩させるとか、そういうこともなかったの。

田中：マルタはね、わしら姿も見なかったですよ。みんな屋上でもって、オイッチニオイッチニやって、（体操をやってるんですか？）水を飲ませると、わしらの同年兵だけれども、結局、俺も飲むから、お前も飲めと言って、その水をくれるけれども、片っ方は、細菌入れてあって、片っ方はただの水だというようなものでもって飲ましたらしいですよ。

　そうすると、まあコレラなら、ほんとにその日のうちに、下痢、嘔吐するし、腸チフスなら、長いので一週間ぐらいはグズグズしててアレすると、そうすれば、また研究のために薬をくれて、治るか治らないか見て、治らないのは解剖した、っていうのは、同年兵でも何とも言わないですがね、そんな噂だか何だか、わしらは耳にしてますけどね。

近藤：当時、部隊にいる頃に、そういう話を聞きました？

田中：ええ、こっち来ては、べつに戦友会をやってるだけで、1科の人は絶対にそんな話はしないから。

近藤：屋上でオイッチニっていうのは何ですか、行進？

田中：それは、飯をくれて、それで体をこなさせて、あとは水を欲しがるもんで、その水に細菌を入れて、飲ませたらしいですよ。

近藤：オウチンって何ですか、中国語ですか。

田中：そうじゃない、オイッチニ、オイッチニですよ。体操やらせたん

です。それは満州からきた部隊の人から聞いたかな。後でもって杭州
の作戦に出たときにね、寧波爆撃の細菌戦に行ったとき、その時に満
州の人と一緒に行ったもんで、これは軍属の人がいろいろ話して。

近藤：寧波行かれたんですか。

田中：わし、寧波には行かない。杭州まで行って、杭州のあそこからよ
　　り離れた蒋介石の支那陸軍航空学校ってやつですか、あの飛行場へ
　　行って、バリケードを張って、そこへ満州の飛行機が、軍医と軍属が
　　来て。

近藤：そこが前線の基地になったんですね。

田中：そうです。太湖だか洞庭湖の南の辺りと寧波にペストとコレラを
　　撒いたらしいですがね。

近藤：寧波作戦と言うやつですよね。

田中：そうそうそう。

近藤：昭和15年の8月なんですけど。

田中：8月の8日じゃなくて16日に発って、（南京を？）ええ、そうし
　　て杭州で合同したのが、（731と合同した？）731と合同、合流して、
　　そしてケンキョウ〔筧橋〕の飛行場の警備を。

近藤：ケンキョウと言うんですか。

田中：ケンキョウ、どういう字を書くか知らんけれども、ケンキョウっ
　　て言ったね。

近藤：という飛行場にバリケード張って。

田中：バリケード張ってね、330Vの電流を通して、だからわしは編上
　　靴で行ったじゃバリケードには手がつかなんだですよ。ところが地下
　　足袋で行けばどんどん行かれたし、あっこらに雉がおるけれども、一
　　番下の線をもぐって来た、ウサギでも雉でもそこでもって倒れている
　　けれども、上に止まったのは何でもなかったですね。

　　　地下とは交流しないもんで。それで、編上靴で行ってちょっと触っ
　　たもんなら、跳ね飛ばされていたですがね。まあ、電流を通していた
　　ですよ。

　　　そこの内側をわしら警備にはいっただけで、それで飛行機は1日に
　　B29みたいなのへ、爆弾を積むところへ輸送タンクを積んで、（この
　　腹へ付けますね？）腹へ積んでね、そしてそこへ水をいっぱい入れて、
　　細菌のアンコっていうの。

　　　わしは見なんだけれども、このくらいの筒に入れて、下からポチン

ポチン落ちるようにして、シャーレのよりもドロドロしたものだと思うけれども、あるいは水の中へ撒いたかもしれない、それがポチンポチンと落ちるようになって、後ろからB29（のような飛行機）のその輸送タンクから水のポチンポチン落ちるのが、それを、空を飛ぶんだから、霧状になって、そして下に落としたらしいですよ。

それで12月の8日に引き揚げたけれども、その1週間ばかり前から、どうも寧波と洞庭湖の南の辺りにぼつぼつ患者が出始めたという。1週間ばかり経つと、「みんな引き揚げろ」ということで、満州の人は飛行機に積んだり、汽車に積んだりして、浙贛作戦に帰っちゃったし。わしら杭州の部隊にいたときには、わしら化け物部隊と言われたですよ。

　（どうしてですか？）夜になれば、細菌の孵卵器の黄色い屋根が青い電気と赤い電気が付いたり消えたり、ポカポカしているでしょ。それを外から見ている人は、化け物部隊と言ったですよ。これは奈良部隊と言ってましたがね。

近藤：その奈良部隊と呼ばれたのは、その田中さんたちの部隊ですか。合同したのが奈良部隊なんですね。

田中：ええ、それが奈良部隊。栄部隊は単独の南京に本部があるやつ。杭州にも防疫給水部の支部はありました。杭州・上海・蘇州・武漢三鎮、支部はあったですがね。支部の人〔がやるの〕は友軍の試験体や何かの検便・検査きりだったらしいですがね。

　南京みたいにマルタは取り扱ってはいないし、そんなところでやったらまた南京のアレのように逃げられる。警備が出来ないからね。支部へ行った人は、何も知らないでただ病原検索きりやったらしいですがね。

　支部へ行った人は、話をしろと言っても、何もできないが、わしら、見たり、聞いたりして、わしらの行ったときには、この南京の部隊だって1棟のあと5棟まで建っていましたがね、その横なんかは草は茫々で、何の骨だか、馬の骨だか、人間の骨だか分からないような骨が、そのぼうぼうとした草の中にいっぱいあって、わしら掃除しちゃ、捨てたんですがね。

近藤：その満州から来たのと、杭州で合流して、もうその時から奈良部隊と言われている？

田中：ええ、奈良部隊。

近藤：その時に、奈良部隊って使っていました、言葉で？　奈良部隊と言ってた？

田中：いや、わしら、任務についてからこれは奈良部隊だぞと言われたんですがね。それで満州の731部隊も来て奈良部隊、奈良部隊と言ったですがね。

近藤：奈良部隊を派遣するという関東軍の命令書が、ソ連に残ってます。この奈良部隊が何であったのか、今初めて分かりました。

田中：いや、そうですか。えらいこと言っちゃったな。わしは一兵卒だから知らないですよ。

近藤：今更、戦犯もなにも関係ないですよ。勿論、全然関係ないんですけれど、研究者の間で、歴史の研究をしている人とか、大学の先生とか、今まで「この奈良部隊って何だろう？」と分からなかったんです。どこにもない、部隊の名前なんですよね。

田中：ならはどういう字で書く？　ひらがなでならと書いてある？

近藤：いえ、奈良県の奈良。

田中：奈良県の奈良、やっぱり同じだ。

近藤：杭州で編成されたアレですから、今のお話と間違いないです。どうも年月日から言って、寧波作戦に行った部隊なんですけれども、今まで分からなかったんです。どのくらいの数でした。

田中：48人行ったきりですよ。

近藤：数も合いますね。

田中：将校以下ね。その将校も、西村という軍医中尉、南京に3月ばかり先に就任してきたのが隊長として送られてきて、その人はわしらの杭州総司令官だか中支派遣軍総司令官の許可なければ、絶対に、口外しちゃいけない、こういうことだったことを、入るとすぐに……そのことを知らなんでね、来て、すぐ奈良部隊の派遣の隊長になって、3月ばかりもって、西村という軍医中尉だと思ったが。

近藤：ニシムラ・エイジと言わなかったですか。

田中：エイジですか。名前は西村中尉だけでした。

近藤：どっから来ました？

田中：それがね、どうも、関東地方だと思うけれども、向こうでも言わなかったし、わしも聞かないし、知らんけれども。橋本って准尉の人が一緒にいてね、これは横浜の人だと思いますけれども。

近藤：これは杭州へ一緒に行ったのですか。

田中：ええ、一緒に行って、憲兵隊と合同して、それであそこに銭塘江
　　　の長尾行動隊、ジョ・フクリンと言うのがいて、それの討伐にわしら
　　　杭州の憲兵隊と合同しちゃ、勤務のない時にはないものだけが、杭州
　　　まで来て、憲兵隊と一緒に出て行って、討伐をして、それがジョ・フ
　　　クリン向こうのアレはね。

　　　軍属の2名だか、前の日にやられて、その討伐に出て、わしは伝
　　令でもって、飛び出して、道に迷っちゃって。

　　　払暁戦だったもんで、上海から杭州へ行く街道を、支那服着て、モー
　　ゼル銃1丁と弾は20発、手榴弾1発だけで、便衣服を着て支那人の
　　ように、杭州へ天秤棒担いじゃ野菜なんか売りに行くそういう人に交
　　じって行ったけれども、道は知らんし、どこへ行けばいいんだか、こ
　　いつらについて行ったが、昨日満州から来た軍属が2人やられたば
　　かりだから、俺もここでやられるかもしれんと思って、拳銃20発撃っ
　　て、手榴弾1発を投げたらどこからか友軍が来てくれるだろうと思っ
　　て、ついて行ったら、高崎の部隊が、ちょうど消防のやぐらみたいな
　　高いところから、警備して、「おい、おい、便衣、そこへ行っちゃ
　　いけねえ、そこは入っちゃいけんぞ」と言われて、「実は奈良部隊の
　　もんですが」「オー友軍か」と言われて、そうして朝曹長室に呼ばれて、
　　そこで飯をもらって食って、あと奈良部隊へ電話をかけたら、10時
　　頃迎えに来てくれたんですがね。

　　　ところが、道で行き合った商人や支那人は、わしの顔を見るはいい
　　けんど、ずっと下見て、わしの地下足袋が友軍でなければ履いていな
　　い地下足袋だったもんで、それで変な顔しちゃ、わしを振り返って見
　　て、気味が悪かったですよ。

近藤：奈良部隊へは48名というのは合同して48名？

田中：そうじゃない。わしらだけ警備で兵隊で行ったですがね。

近藤：南京から48人。

田中：ええ、南京から48人行っただけですがね、それがほとんど今、
　　　内地で死んでいると思うが。栃木県に2人ばかりいるし。

近藤：なんていう方ですか。栃木の方は。

田中：栃木・茨城で大概で、長野県は担当じゃなかったけど、イナノ・
　　　サワダなんて言うのがいてましたけどね。

近藤：沢田少佐？

田中：そうじゃない、沢田は兵隊だよ。それが一緒に行っていたですがね。

あそこは佐々部隊の管轄だったですがね、あの当時。佐々中将、あの人が南京へ連絡に来たけれども、南京の総司令部の許可がなくて、この部隊入れるわけにはいかないというんで、野郎、衛兵に立って、それで佐々部隊長に銃剣突き付けて、総司令官の許可がなければここへ入れませんと言って、一等兵だったけれども、なかなか度胸のいい野郎でね、佐々中将に銃剣向けて、そうして何としても入れなんだ。

どうしても部隊へ、飛行場へ入れなんで、それで迎えに来た飛行機も、みんな帰っちゃってね、明くる日に南京に電話だか電報だかで、司令官の許可をもらって、それで明くる日に来て、その時に野郎、衛兵カバンで寝台の上で寝ている状態で、佐々中将は「これでいいだろう」などと言って、前の日のことを歩哨は知らないもんだから、捧げ銃して「お入りください」と言って、部隊の中に入ったですがね。

近藤：筧橋の飛行場から寧波へ飛んで行くのは1日に1回ですか。

田中：1日に2回。10時にね、1時間か1時間半爆撃して。寧波ばっか行ったじゃないと思うが。太湖の方へも行ったと思うけれども。1日に2回、10時から11時半まで行ってきて、夕方の3時半か4時頃出て、1時間半かそこら爆撃して帰って来たですがね。

どっちかが寧波と揚子江の南の辺りに行った。距離は同じもんだと思う、だから時間も同じだと思う。それで、行くときにはすっと飛行機はたったけれども、帰って来れば給水車のポンプでみんな消毒して。

近藤：飛行機を消毒するんですか。

田中：ええ、飛行機を、それで松本の毒殺事件〔オウム真理教事件〕じゃないが、3日ばかり経ったら、みんな草が枯れてしまって、結局あの消毒剤も、かなり強いものをやっていると思いましたけれども。飛行機丸っくるめ、消毒し、乗ってた人も降りる時に消毒しちゃ、兵舎へ来たですがね。

近藤：4か月間もやってたんですか。

田中：イヤ、4か月かや、8月の8日から12月まで、だけど本当の細菌爆撃は、10月頃から始まったですかね。その辺は覚えがないが。中途、さっぱり効果が出ないと言ってて、石井隊長が満州から来て、「お前たちご苦労さん」と言って、折詰もらって食べたですがね。

近藤：何の折詰ですか。

田中：普通のここらの折詰だったから、内地から取り寄せただか、杭州で買って寄越しただか、「これは石井隊長のアレだ」と言って、折詰

くれて、それを一同で食べたけれども。

近藤：顔は見ませんでしたか。石井隊長の。

田中：これにある写真とはえらい違って、ピンとした髭など作って、い
　　かめしい人だったですよ。「おめえら、何やってるんだ」って、言っ
　　ていましたけどね。

近藤：その奈良部隊の時に、平沢なんていう名前は、覚えがないですか。
　　平沢〔正欣〕少佐とか。実際に爆撃に行ったんですけれども。

田中：なにしろ、飛行機を操縦する人は、大尉の人だったけれどもね。

近藤：増田とか。

田中：増田という人はいたかもしれない。満州から来た人はほとんど軍
　　属の人とは話をよくしたですがね。というのはわしの村で兄さんが石
　　油スタンドをやっててこの間、死んだけれども、原と言う人が飛行機
　　の整備をしていた、今、新村にいるわけだ。
　　　（新村と言えば隣じゃないですか。）この間まで弟の人と２人で、あっ
　　こで土建なんかやってね、終戦なってから、シャベルなんか買って、
　　土建のことをやってたけれどもつぶれちゃったらしいわ。（なんてい
　　う人です？）原マサシと言ったと思ったね。あの松本電鉄の運転なん
　　かやってて、そのうち見えなくなったと思ったら、満州の軍属になっ
　　て行ってたらしい。

近藤：その原さんもこの奈良部隊にいたんですか。

田中：ええ、奈良部隊にいた。ただ行ってきて、わし町長選やったとき
　　に、久保田議員が立って、その応援に選挙演説やってまわったですよ。
　　そしたらこの監督にその原さんがいて「やーい田中」と言って、呼ば
　　れて、「こんなところいて達者かよ」と言って、「俺はえらい目にあっ
　　ちゃった。まず戦争犯罪で仙台の刑務所へ行かれて、死刑の宣告を受
　　けたって、そうしたら終戦になっちゃったんで解き放された。軍法会
　　議にあってえらい目にあったぜ」って、そういうこと一言、わしに話
　　したんです。その原さんは。
　　　（軍法会議っていうのは終戦前か？　戦争中もあった。）何かスパイかな
　　んかで。

近藤：この原マサシさんがですか。

田中：ええ、「俺、えらい目にあったぜ」って、一言そう言ったぜ。本
　　当だか嘘だか知らんけれども。（亡くなったんですか？）弟と２人でそ
　　の事業をしてたけど、弟はこの間亡くなった。それはわしより１級

下で、原さんは 2，3 級上だで。ちっとも連絡がないから知らないが。

近藤：あと、奈良部隊にいた方は？　覚えていらっしゃる方はいないですか。

田中：イヤ、年賀状があるから、わしは年賀だけはやっているから、随分あるけど。

新井：もし、差し支えなければ田中さんね、教えて頂けませんか？　年賀状の住所。

田中：年賀状……

〈取りに行くところで、ビデオ終わる〉

　ビデオの中身については段々に触れてまいります。この栄1644の事で、これまでに確定できる事実関係について、いくつか簡単にご説明しようと思います。

　この部隊が編成されましたのは、1939（昭和14）年の4月に編成完結です。後には三笠宮参謀も視察に来た事のある部隊で、南京の市街の中心地、中山東路に面して、その北側にあった蒋介石政府の南京中央病院の建物・敷地を、昭和12年に占領してそこを接収し、14年から栄1644部隊、正式には中支那派遣軍防疫給水部が駐留した。

　1939年に、北は北支那派遣軍、北京に駐留しておりましたが、そこの付属防疫給水部として1855という北京甲1855部隊、通称ですね。それで中が1644で、南が波8604といって広東に駐留しました。

　広東にある中山大学を接収して、そこに駐留したのが8604、それから南方軍はシンガポールに同じような防疫給水部を、南方軍の隷下に編成して大きなネットワークができました。初代の1644の部隊長は、731と兼務で石井四郎が兼任したのです。

1939年5月　編成

三笠参謀宮殿下視察

石井四郎

しかし、編成するや否や、ノモンハン事件が始まりまして、そちらの方へ731を参戦させるということで、そちら方面で石井が忙しくなったので、部隊長補佐としてつとめていた増田知貞が、隊長として実質的に部隊を仕切っていました。

増田知貞

増田知貞というのは、石井四郎が金沢四高にいた時代からの後輩で、後に731部隊の3部の部長ですとか、終戦後の731部隊の隠蔽関係についても協力し合ったという盟友で、この増田が2代目の隊長になります。

南方軍時代の増田知貞（写真右）

3代目も731部隊と関連の深いと言いますか、ほとんど731部隊で部長職にあって、総務部長をやったり、第3部長をやったり、第4部の細菌製造部長をやったりした大田、澄むという字を書いて「きよし、きよし」と部隊では呼んでいるんですが、実際にはあきらと言うのが正式なようで、陸軍省の記録なんか

3代目部隊長　大田澄
（部隊長在任期間 1941.7.2 ～ 1943.4.8）

には「あきら」と言うフリガナがふってあります。が、オオタキヨシと言う呼び名で呼ばれておりました。

ついでに申しますと、終戦処理をほとんどやったのがこの大田澄で、部隊員を引き連れて内地に引き揚げてきて、本人は山口県の萩に実家がありまして、そちらに隠棲といいますか、隠れ住んでいたのですが、GHQの取り調べの関係もあって、度々上京して、いわゆる鎌倉会議なんて言われる731

（6）田中辰三さんの証言

部隊の幹部連中の隠蔽工作の会議なんかにも参加しておりましたが、GHQの処分がはっきりしないうちに、山口の実家の方で毒物で自殺を図って亡くなりました。

4代目部隊長　佐藤俊二
（部隊長在任期間　1943.2.17～1944.3.1）

大田澄について当時、地元にあった演劇グループが早速芝居に仕組んで『冬の旅』という舞台劇を作って、全国公演した経緯もあります。御存知の方いらっしゃるかも知れませんが織田政雄という映画やテレビによく出た俳優さんが、この劇団でこの劇に出演していました。

それから4代目の隊長が佐藤俊二、43年の2月から隊長に赴任したんですが、終戦の時に、ロシア側に捕まって捕虜となって、ハバロフスクに収容されます。通称「哈四五〔はしご〕」と言われていたハバロフスクの45収容所に、幹部収容所ですが、収容されて、1949年にハバロフスクで被告となって裁判に訴追されます。

そこで細菌戦関係に関しては、ある

5代目部隊長　近野寿男
（部隊長在任期間 1944.3.1～1945.4.28）

程度の供述をしていますが、これは後ほどご紹介します。

その次は近野寿男（ちかのとしお）、熊本医専卒業の軍医、少将までいったんですが、この近野寿男が隊長になります。それ以降終戦までのほんの短い時間ですけど、山崎新という軍医が隊長を務めます。

この南京本部の下に、支部が12支部（次頁表）ありまして、ここにあげてある上海、蘇州、杭州、南京には本部とは別に、南京駅の近くに南京の支部もありました。この12支部は15支部に増えたときもありました。杭州支部が金華に進出して統合したり、多少の統廃合があって、時期によって、支部の数が違います。

1644 部隊支部			
上海	富士部隊	武昌	
蘇州	黒部部隊	漢口	利根部隊
杭州	千曲部隊	九江	矢作部隊
南京（蕪湖）	隅田部隊　成賢街文昌村	岳州	
安慶	長良部隊	当陽	
金華	千曲部隊（杭州より進駐）	沙市（宜山）	十勝部隊

　次頁の図は、南京1644部隊本部の施設の平面図です。

　この資料の出どころは、1644部隊で、随時石井四郎部隊研究部会というのが行われて、様々な研究発表があったんですが、部隊の中庭の表層の土壌を検査して、どこのどの位置に炭疽菌（この当時脾脱疽菌と言ってますが）がどこにどれだけいるか、細菌は大体嫌気性で空気を嫌うのですけれども、逆に好気性の細菌として炭疽菌があるんですが、それが、ここの表層にあるかというのを検索した報告書です。

　それに付随してた図面が斜線で描かれている平面図です。山中太木（もとき）という幹部が、（山中太木は戦後大阪医科大学の学長に昇りつめた山中太木が）作成した報告書の一部の図面です。

　上が南で、下が北で、上の方が中山東路になっていまして、そっちから表門へ入ると第一棟です。その左下の方へ廊下がつながっていまして、第二棟となっているところが、診療部です。そして、その下が三棟で、上の小さい方が講義をやったりする講堂です。その下のもう少し大きい建物が図書館だった所です。この長い廊下が北へつながっていまして、そこに第六棟とありますが、ここに1科がいたんです。その下に第七棟があります。七棟が1科だったという隊員と、いや六棟が1科だったという隊員がいまして、隊員によって言い分が違うので、確定できなくて困っています。

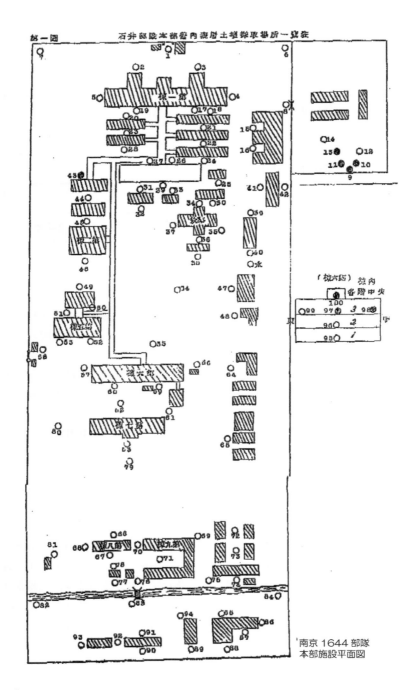

石井部隊本部院內遺屍土壤採取場所一覽表

南京 1644 部隊
本部施設平面図

　この平面図は山中太木の図面を基に、様々な隊員の記憶をたどって、水谷
尚子さんが作成された図面です。

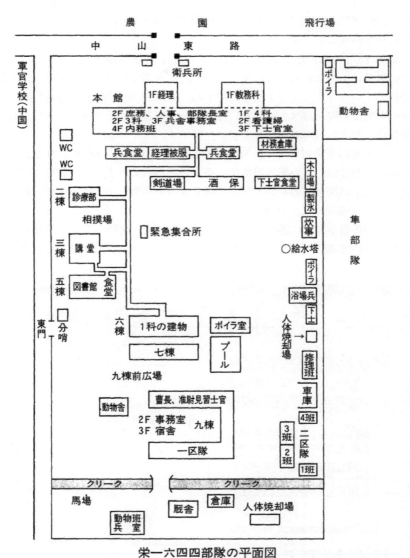

農　　園　　　　　飛行場

中　山　東　路

軍官学校（中国）

衛兵所

本　館　1F経理　　1F教務科

2F 庶務、人事、部隊長室　1F 4科
2F 3科　3F 兵舎事務室　2F 看護婦
4F 内務班　　　　　3F 下士官室

ボイラ

動物舎

WC

WC

兵食堂　経理被服　兵食堂

材務倉庫

木工場

製氷

炊事

二棟　診療部

相撲場

剣道場　　酒保

下士官食堂

○給水塔

三棟　講堂

緊急集合所

ボイラ

浴場兵

下士

隼部隊

五棟　図書館　食堂

東門　分哨

六棟　1科の建物

ボイラ室

七棟

プール

人体焼却場　→

修理班

九棟前広場

車庫

動物舎

曹長、准尉見習士官

2F 事務室　九棟
3F 宿舎

一区隊

3班
2班

4班

二区隊

1班

クリーク　　　　　クリーク

馬場

厩舎　倉庫　人体焼却場

動物班兵室

栄一六四四部隊の平面図

１科の建物は間違いないところは４階建てで、４階の一番上にマルタが監禁されていた。その中には、檻が、ちょうど人間が坐って、座高いっぱいぐらいの大きさの鉄でできた檻がありました。ロツと呼んでいました。中国語のかごと言っていいのでしょうか。竹で編んだ籠に子と書いて、隊員は「ロツ」とそう呼んでいました。その中にマルタを監禁して様々な人体実験をやっていたということです。

　昭和18（1943）年の３月に、1644の九江支部の隊員が逃走しました。この隊員は、南京の本部にいてその後、九江支部に転属になって、九江支部で働いているうちに逃走を図るんですね。それで、中国軍の所へ逃げ込んで、その中国軍の取り調べを受ける。その後、四川省のツチアンという所で尋問を受けたりする日本人のレントゲン技師です。

　それが次の英文資料です。1944年の12月４日にこの捕虜229号が、取り調べを受けたときの報告書です。英文で書かれていますが、当時30歳で、名古屋大学の医学部のレントゲン技師養成所を卒業した兵隊ですが、召集で南京に引っ張られて、栄1644部隊に配属になった。

　この報告書が非常に重要なのは、ここで初めて、部隊が関係した細菌戦の事実について述べられているのです。これが、アメリカ軍が初めて日本軍の

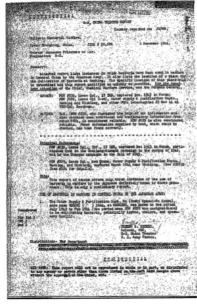
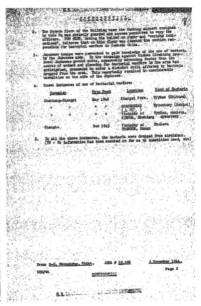

日本の細菌戦の事実をアメリカ軍が初めて知ることとなった報告書

160

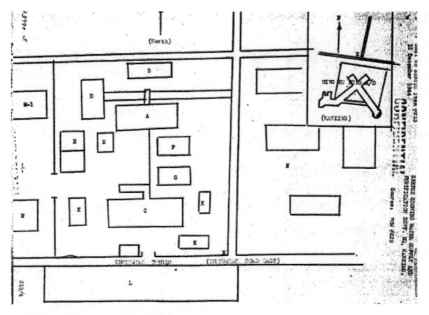

榛葉修の供述による部隊本部配置図

細菌戦の行った事実を知ることになった報告書だからです。

　2枚目の4番の所に、細菌戦の事が報告されています。例えば1942年の5月に金華の近くのジョウギョウで赤痢やチフス、コレラをやったと。翌年の1943年の11月には、コレラを常徳で撒布した。湖南省の常徳です。

　ここからアメリカ軍は日本軍の細菌戦を特に調べるようになって、捕虜になった日本軍兵士は全部細菌関係を調べられるというようなことになって、次第に100部隊とか、731部隊が浮かんでくるようになったわけです。

　この捕虜229号というのは、榛葉修（しんばおさむ）というレントゲン技師の事なんですが、1944年の12月12日に上のような図面を供述しています。

　建物がABCとありますが、これが榛葉修が供述した1644の配置図です。先ほどのものと多少違いますが、これも記憶に基づいて書かれていますので、曖昧なところがあります。

　この図面は上が北です。下の右左にある通りが中山東路です。表門を入ったところにCがありますが、Cが6階建てで、事務の部門が入っています。先ほどの田中さんのインタビューのビデオの中にも、6階建ての説明があり

ました。

　問題の細菌の培養をやったり、マルタが監禁されていたのは、Ａです。Ａの建物が４階建てで、南京本部は１階にありました。２階以上が細菌培養で、４階にマルタを監禁していました。その裏側の左Ｄという所は、軍属の住まいだった所です。

　この報告書の最後に、Ｇ２が注釈を付けています。それを見ますと、この捕虜229号の供述を検討すると、ワクチンの製造目的で培養だとかをやっていたと言うけれども、ワクチンの製造目的以外の原材料がたくさんある。人体実験、細菌兵器の研究というのに疑惑を持っているといえば持ってます。

　ワクチンの製造目的で飼っている実験動物で比べてみるとはるかに、種類が多く、ワクチン製造目的以外の実験動物がいるというのは問題だ、というような取り調べをやった尋問官の注釈メモが付いてます。

　次にこれも英文ですが、捕虜229号の身上書のようなものです。上からすぐの所に、春葉勇と漢字で書いてありますけれど、恐らくこれは通訳の読み間違いか、聞き間違えかです。榛葉修が実名です。静岡出身の名古屋大学医学部のレントゲン技師養成所を卒業し、衛生兵として召集されました。

捕虜229号（榛葉修）の身上書

　調書を見ますと、これもそうです。春葉勇と書いて、チンバイサムとなってます。音読みしているんですね。68師団と一緒に南京に入りました。経歴や経路、九江支部に行った時までが、ここに述べられています。

　次にこれは『人間マルタ』という文章ですけれども、先ほどのインタビューの中で、自分の知り合いの隊員が事実関係を小説家に話をして、その小説家が書いたというものです。

　岩藤雪夫という作家に田中さんの知り合いの深野利雄という人物が1644の中身について話した。

『人間マルタ』(『世界評論』昭和25年5月号)

それを文章にして『世界評論』という昭和25年の5月号に載せたのがこの『人間マルタ』という文章です。これに、部隊の中での実際が書かれていますので、あとでお読みいただければと思います。

　1644についての証言は非常に少ないのですが、松本博さんという方が、やはり元隊員で、マルタが4階で監禁されていたところの監視員をやっていた。

　この方の証言というのがあります。この方の証言の聞き取りをまとめたものが、晩聲社から出ました『細菌戦部隊』という証言集の中に載っています。

　ここにメモにあげたものがありますが、一番嫌だったのは、全採血の時だという話が載っています。コレラとか、腸チフスに感染させたマルタを採血するのですね。全採血で、足で踏みつけて、最後にゴボゴボと気泡が出てくるくらい、いわば絞り切るというような感じで採血する。そうすると最後にガクッガクッといって気泡が出てくる。それまで兵隊が心臓の上に乗って、踏みつけて、最後の1滴まで採取する。

　細菌感染したマルタの血液の全採血ですから、恐ろしいというよりも、残酷さの恐怖でそれが一番嫌だったというような証言がされています。

　そういう全採血を1日に2回、月に2〜3回のペースでやっていた。そういう証言をされています。

　先ほどのビデオインタビューに少し出てきましたけれども、昭和16年の4月にマルタが脱走した事件が起きます。731部隊の関係で、生きて帰ると

か、脱走できたケースというのは皆無に近いぐらい珍しいのですが、これまでに2件分かっています。

一つは731部隊に孫呉支部から送られてくる中国人の捕虜が、汽車で護送される際に、警備の憲兵が居眠りするすきに逃げた。足かせも手かせも付いていたまま、逃げたケースがあります。関東憲兵隊司令部の警務部に上げた報告書が残ってます。その逃げたマルタがどうなったかというのは、全く未だに分かっていません。名乗り出てもいませんし、それらしい情報はその憲兵隊の書類以外はありません。

それと、この南京の脱走マルタも、90年代の終わり頃に、新聞記事にしてそういう心当たりの人物いないかと言って、捜したりもしたんですが、結局名乗り出る人はいませんでした。

部隊を挙げての捜索だったらしいのですけれども、衛生兵の他に警備兵なんかに部隊の実態を知られるのがまずい、逃げた捕虜が何をされて、どんな目に遭っていたか、分かってしまうとまずいので、その事情を説明しないで、一晩中捜していたんで、兵隊たちはただウロウロ捜し回ってたばかりだ、とさっきのビデオの深野利雄さんが話していました。

ついでに言いますと、深野利雄さんという横浜の1644部隊員は、「とべ・しゅん」というペンネームで、戦後、詩をお書きになっている方で、詩集「武州久良岐郡戸部村」を花梨社から出しています。その中に細菌詩集と題した1644部隊での体験を詩集にしたものがあります。

それから特に申上げるのは、1644部隊というのは、もちろん731部隊と連携していますが、内地にあった陸軍科学研究所の中の第九陸軍技術研究所、通称登戸研究所とも協力関係にありました。

最近映画にもなりましたが、この写真にあるのが登戸研究所です。戦後も登戸研究所として使った建物が残っていましたが、今はかなり数は減りました。

ここは、1科から4科までありましたけれども、1科が物理関係、2科が毒物関係、3科が偽札ですね、中国で経済攪乱をやるために国を挙げて中国紙幣を偽造していたのです。大蔵省の造幣局の技士たちがここの3科で偽札を作っていたのです。

余談ですがその3科出身の方は戦後、印刷関係の仕事に就かれた方がたくさんいます。凸版ですとか、大日本印刷だとか、そこである社長さんに3科の偽札について、お話を伺ったことがあります。

戦後も残った登戸研究所の建物

　日本で作った偽札と中国の本物の紙幣をどうやって見分けるんですかと聞いたら、精巧な方が偽札だと言ってました。そのぐらい技術力が高かったようです。

　その2科が毒物の開発をやっていたのですが、その臨床試験、実際に効果を確かめる試験に、この1644部隊と731とが手を組んで、1941（昭和16）年に、南京の本部で、1943（昭和18）年には、上海の特務機関で、合同して開発した毒物の人体実験を行ったことが、はっきりしています。

　その中の一つ、アセトンシアンヒドリン、通称青酸ニトリールと言っている毒物で、遅効性の無色・無味で臭いもなくて、青酸化合物なんですけれども、すぐには効かないで、ゆっくり効いてくる毒物で、中野学校なんかのスパイのための道具として使われました。

　青酸カリは服用してすぐに倒れますけれども、そうならないように、少し時間をおいてゆっくり効いてくる毒物で、この1644と731と登戸研究所で人体実験をしたことがあります。

　これが、のちに帝銀事件と言って騒がれる、ゆっくり効いてきて、倒れたその症状から見て青酸ニトリールがその毒物ではないかと、未だに問題にさ

れている毒物です。そういう連携もあったわけです。

　これらは、なかなか表沙汰にならなくて一般に知られることはなかったんですけれども、東京裁判でアメリカのサットンという検事が国際検察局のメンバーで、中国代表だったんですね。モロー大佐と一緒に中国の被害のために、日本軍を訴追していたその中で、1度1644が取り上げられそうになったんです。

　サットン検事が中国へ出かけて行って、日本軍が何をやったか、南京大虐殺もその時に調べるのですが、それと同時に、中国の戦争犯罪委員会から提供された資料をサットン検事は手に入れるのです。

　それが先ほどまで話に出ていた榛葉修の訴えで、その報告書が提供されるんですね。『日軍罪業証明書』、これは榛葉修が自分で書いた自供書です。

　ただ榛葉修は、九江支部に途中から移っているのであまり多くのことは詳しくありませんが、しかし、これを材料として提供されて、昭和21年の8月29日の法廷で、サットン検事がこの報告を朗読しました。

　それで、ウェッブ裁判長が報告書の中で触れられている人体実験について、さらに新しい証拠を提出するかとサットン検事に促したのですけれども、その頃はアメリカ側が貴重な資料を手に入れるために、731部隊や1644部隊

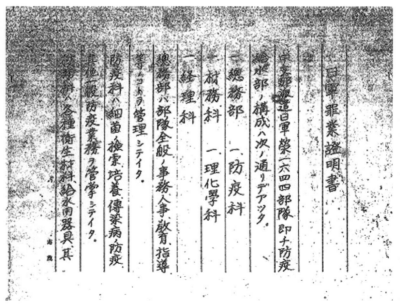

戦後サットン検事に提出された「罪業証明書」

166

の細菌戦関係や人体実験の証拠資料は隠蔽する、そういう方向に動いていた時期なので、アメリカ代表のキーナン検事は、これを東京裁判で取り上げようとはせずに、そのまま、この1回止まりで、東京裁判からは731や1644の事実関係は姿を消してしまいます。

これは東京裁判の英文記録です。裁判長とサットン検事がやり取りした8月29日の部分をピックアップしたものです。

別の問題ですけれども、東京裁判の記録には、

```
 1        MR. SUTTON:  We will tender them in evidence,
 2   but it will not be necessary to read them.
 3        THE PRESIDENT:  Admitted on the usual terms.
 4        CLERK OF THE COURT:  Prosecution document
 5   No. 1703 will be marked exhibit No. 325; prosecution
 6   document 1704 will be marked exhibit No. 326.
 7        (Whereupon, prosecution's exhibits
 8        Nos. 325 and 326 were received in evidence.)
 9        MR. SUTTON:  The prosecution next tenders in
10   evidence its document 1706, "Summary Report on the
11   Investigations of Japanese war crimes committed in
12   Nanking, prepared by the Procurator of the District
13   Court, Nanking."
-14       THE PRESIDENT:  Admitted on the usual terms.
15        CLERK OF THE COURT:  Prosecution document No.
16   1706 will be marked exhibit No. 327.
17        (Whereupon, prosecution's exhibit
18        No. 327 was received in evidence.)
19        MR. SUTTON:  With the permission of the Court
20   I shall read only a portion of this document.
21        (Reading):  "Summary Report on the Investiga-
22   tions of Japanese war crimes committed in NANKING, pre-
23   pared by the Procurator of the District Court, NANKING.
24        "I.  The Progress of the Investigations.
25        "As soon as the orders for the investigation
```

英文の記録と、日本の東京裁判の公判記録との間に、微妙な翻訳のずれのある部分があるというのが一つの問題なんですけれども、それはいまだに研究が進んでいません。最近では、中国の東京裁判研究会の方で少しずつ、誤訳と言いますか、翻訳のずれを研究するのが始まったと聞きました。

もう一つ1644で重要なのは、インタビューの中に出てきました731と1644が共同して行なった細菌戦ですね、実戦使用。はっきりしていますのは1940年の寧波、1941年常徳、1942年の浙贛作戦で展開した細菌戦ですが、この三つについては先ほどの田中さんが実際の体験談をしてくれています。ただ、隊長の佐藤俊二はソ連に捕まってハバロフスクの細菌戦裁判の被告人にもなっているんですが、この佐藤俊二の公判での供述を見て見ますと、この細菌戦に関しては、法廷の中で認めていますし、部隊でどういう規模で、どういう培養だとか、研究をやっていたかについては認めていますが、なぜか人体実験だけは触れてないんですね。チェルトコフという裁判長が、「人体実験について答えてください」と言うのに対して、「部隊では人体実験は行われておりません」って答えているんですね。知らなかった訳では

なくて、佐藤隊長が在任した時期に、実際にやっているんです。先ほどの全採血なども同じ時期ですし、やっているんです。恐らく、これは推察ですけれども、ハバロフスクに捕まっていた100人ぐらいの細菌戦関係者の中に、1644部隊の関係者はこの佐藤1人だったのですね。証人について調べてみても、1644のことを詳しく知っている隊員が、捕虜になってないんですね。だから本人1人がとぼければ、人体実験についてはとぼけきれる。細菌戦の事実は、731や別の関係ではっきりしてきますから、隠しきれないでしょうけれども、人体実験のことを知っている関係者が1人もいないとなると、そこは逃げきれると思ったんじゃないか、と私は推察しています。

　それから、人骨の事についても一言触れておきたいのですが、1998年になって土木工事の関係で、工事中に49個の頭蓋骨が、この部隊の跡地から発掘されたんですね。1644部隊の跡地ですから、その疑いありと言って、関係者・研究者が集まって、これを調査しました。
　硫酸で洗った跡があるとか、特に遺伝子関係で調べたら、頭蓋骨49個のうち21個は男性の頭蓋骨、あとが女性の頭蓋骨なんですけれども、DNAを調べたら、コレラ菌の腸毒素というのが遺伝子として見つかった。細菌戦関係の研究者であります高興祖さんという教授が、報告書を作っていますが、

部隊跡地の発掘で発見された人骨

それによれば、「人体実験による被害者の遺骨である」であると結論付けています。

次は、ハバロフスク裁判の証拠写真の2枚です。これは、先ほどのインタビューの中にもありました奈良部隊ですね。奈良部隊に対する派遣命令です。関東軍司令官の梅津中将から出された関作命659号というものです。奈良部隊を派遣する命令書です。2枚目はどういう日程で、どういう時間にどこを通って、奈良部隊と器材を送り出すかの命令が書いてあります。到着地は上海です。この奈良部隊が何だということで、他には史料がなかったんですけれども、先ほどの田中さんの証言で、部隊というのは満州から送られて、1644と共同して、寧波作戦なんかを杭州の筧橋という前線基地の飛行場から細菌兵器を積んで、寧波なんかを襲撃した、その時の命令書であることがはっきりしました。勿論、奈良部隊というのは偽名です。どこの部隊か分からないように偽名したものです。一説によると、731部隊の中にいた奈良何とかという隊員の名前がヒントになっているんじゃないかということですけれども、それはまだ確定できていません。

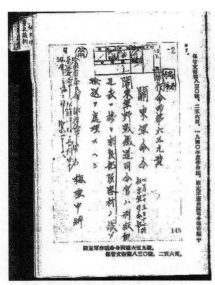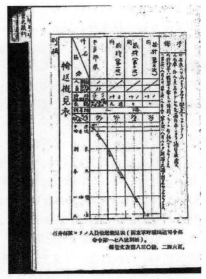

ハバロフスク裁判の証拠写真
なら部隊に対する派遣命令（左）と、日程・経由地を示した書類（右）

■ 質疑応答

質問：脱走した榛葉修さんのその後がわかれば、教えていただきたい。無事に日本に帰って来られたのか。

近藤：遺族の方がいらっしゃる場所がわかりましたので、そこへ取材に行って来て、またご報告します。

質問：遺体を煮て、油を取ったという話ですけれど、何か石鹸を入れてという話をしていましたよね。ナチスの強制収容所でやったみたいに、人間の油で石鹸を作っていたということなんでしょうか。煮て、油を取ってというのが、骨の標本のためにやったのか知りたいのです。

近藤：私の推理では、標本にするために、やったことだろうと思っているんですが、その責任者が見つけられなくて、どういう標本のありようだったのか。話では北里に送ったということなので、当時北里の関係者に随分当ったんですけれども、それらしい骨が到着したという話は出てきませんでした。特に細菌戦と関係のある笠原四郎さんがまだ健在だったので、それも聞きに行きましたけれども、笠原さんは「それは軍医学校の方だろう。北里でそういう標本を必要とする訳はないと思う」と言ってました。

質問：芦屋というのは目黒研究所とかじゃないのですか。芦屋というのは神戸の芦屋でしょ。何があるのですか。

近藤：そうです。阪大の微生物研究所の関係している施設です。

質問：帝銀事件のことで、平沢武彦さんがお亡くなりになったのは、一昨昨年の暮れだったと思います。一昨年の1月に四谷で、報告とか今後の遺族がいらっしゃらない状態での再審請求が法律的にも実務上可能かどうかについても、いろいろ話し合いがなされましたが、帝銀事件の映画の中で、明かに731部隊関係者がやったことだけではなくて、どんな人物であったかについても、捜査は大分進んでいたと。ところが、最後の段階になって、突然詰めが行われないままで、適当に平沢貞通さんが狙われたという、ぼくはそれまでそれほどまで知らなかったのですけれども、あの映画が事実に基づいて作られたのは疑う余地のないところでありますが、それについ

て実際に消えてしまった関東軍関係者、犯人についてのその後、どうだったのかそれが伺いたいのですが。

　追い詰めた訳ですよね、映画の中では明らかにホシは間違いないという、そこだけは映画の中では描かれているんですが。

近藤：あの映画が出来た時点では、まだ捜査本部の第1係長が取っていた甲斐手記、甲斐文助の記録なんで、通常 “甲斐手記” って言われますけれども、捜査会議の議事録なんですけれども、これを見ると、毒ガスの習志野学校ですとか、第九技術研究所（登戸研究所）とか、731に伸びて行って、容疑者がほとんど捜査されていきますけれども、そのことを記した甲斐手記を熊井〔監督〕さんはまだ見ていないんですね。まだ発見されていなかったのです、その時点で。

　で、もっぱら731の方面を捜査した成智英雄という警視の捜査を参考にして、それは731を追っかけていた内容なんですけれども、それがGHQが庇護して取引するために、そっちを捜査すると抵触すると、GHQの方からも、そちら方面の捜査は停止要請があったらしいと、ということが段々はっきりして来ましたけれども、成智警視たちが調べた諏訪中佐という容疑者、これは秦郁彦さんが調べ直して、容疑が晴れたような形に、アリバイ成立というような形に、現在はなっておりますが、それはあまり映画には影響していないと思います。現在また、新たな再審請求の審理が始まっております。

質問：先ほど、帝銀事件のお話の際に、諏訪中佐のお話が出たんですけれども、諏訪敬三郎さんでしたっけ、その方というのは容疑はどういった形か分からないんですけれども、帝銀事件当時のアリバイが成立して、放免された際に、その後なんですけれども、不審な亡くなり方をされたとちょっと伺ったことがあるんですけれども。

近藤：おそらく、モルヒネ中毒の事だと思いますね。諏訪という方はそれで亡くなったと聞いておりますが。『昭和史の謎を追う』という秦郁彦さんの本がありますけれども、その著書の中にその容疑等、詳しく書かれています。

質問：満州医科大の方に、70年代から本多〔勝一〕さんなどが調査した骨とか脳の復元とか、日本の医者が遺体を切り刻むような形で研究したそういうようなものが残っているんですけれども、その中に、標本とか人体を使っ

た時の書類がいっぱい残っていて、それをずうっと見ていくと標本にした
という供述があって、さらし骨かな、ちょっと正確な言葉は忘れたんです
けど、そういう言葉がよく出てくるんですけれども、囚人だったりするん
ですか、刑死というような場合もあるし、獄死っていうのもあるし、ほと
んどが反日・抗日分子と言われた人だったと思うんですけれども、その手
法としては同じようなことだったと思っているんでしょうか。

近藤：手法としてですか。質問が私の専門分野ではないので、そこら辺は
　　ちょっと、同一の手法かどうかっていうのは。私は満州医科大の脳の切片
　　を見ましたけれども、標本化の技術については詳しくないので、ちょっと
　　お答えしかねます。

質問：生身の人間の遺体から骨の標本を作るというのは、煮るのかなとか思っ
　　たんですけれど……
　　　　もう一つ、佐藤俊二ですけど、何でシベリアに抑留されたのかというと、
　　731 の人だったから、隊長勤務を終えてから 731 に戻ったとそういうこ
　　とですか。

近藤：いえ、こちらに詳しい資料がありますけれども、731 に戻ってたとい
　　うことじゃないです。731 の方へ戻っていたら助かったかも知れないです
　　けれどもね。終戦の時、ロシア軍が入ってきて、降伏して武装解除した後
　　に、山田司令官なんかと一緒に送られてますから、新京からの護送だった
　　と思います。

質問：石井にすごくかわいがられていたそうですが。

近藤：あまりそういうような話は聞いたことはありません。

質問：奈良部隊の事なんですが、ビデオの中で田中さんが将校以下 48 人っ
　　ていう風に話していたと思うのですけれども、資料 8−2 の所に、将校
　　が 1 で下士官以下 39 って書いてあるんですけれども、これは平房の方か
　　ら行った人数が将校を含めると 40 人。そうすると南京の 48 人と合わせて、
　　80 何人ということでいいのですか。
　　　　もう一つは 8 月から 12 月ぐらいまでというと、この奈良部隊そのもの
　　が約 4 ヵ月間だけ編成されたということですか。

近藤：そうです。この梅津司令官の関作命 659 っていうのが発令された後、
　　731 部隊で整列して出発するところの写真が 1 枚だけ残ってます。

質問：細菌兵器の開発製造のため、731 部隊ですよね。それで敗戦で米軍がこの部隊の研究をいろいろ知って、これは利用できるといって、ベトナム戦で使ったということをちらっと聞いたんですが、どんな風に使って、それで今ベトナムの森林でもそういう毒物でまだ住めないような所があるんじゃないですか。奇形児が生まれたりいろいろしていますけれどね。そのつながりというか、流れはどうなんでしょうか。

近藤：731 部隊というよりはですね、毒ガス関係の 516 部隊とか習志野学校の資料・研究報告書の類ですね、そちらを手に入れたアメリカ軍の研究・発展の結果が枯葉剤という形でベトナムで使われたという認識の方が正しいような気がします。731 では毒ガスもやっておりましたけれども、具体的な兵器としての形というのは 516 部隊というのがありました。関東軍化学部というところですが、そこでの成果をアメリカが吸収したという風に考えた方がいいと思います。

2016 年 5 月 14 日ビデオ学習会　731 部隊員の証言シリーズ／第 5 回
初出：NPO 法人 731 資料センター 会報 第 19 号　（2016 年 11 月 30 日発行）

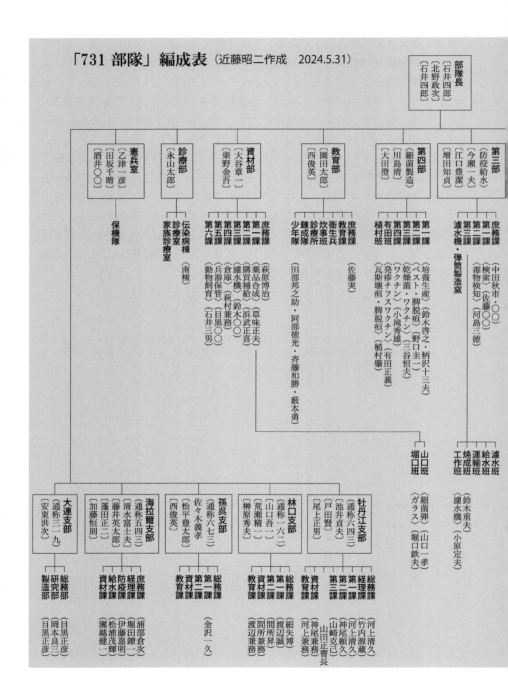

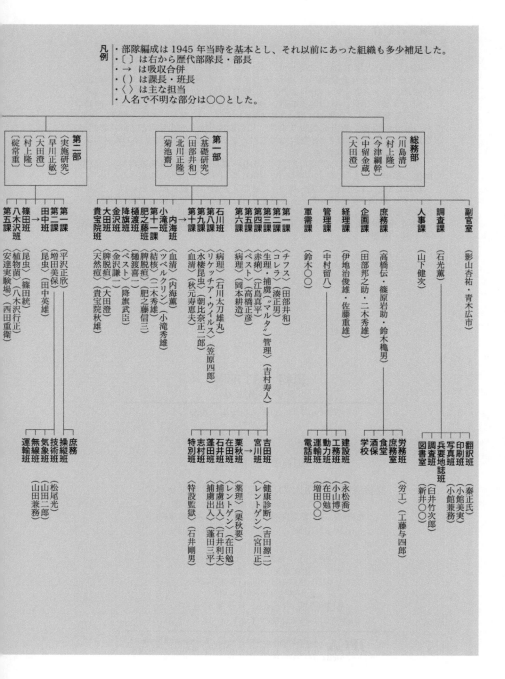

凡例
・部隊編成は 1945 年当時を基本とし、それ以前にあった組織も多少補足した。
・〔 〕は右から歴代部隊長・部長
・→ は吸収合併
・（ ）は課長・班長
・〈 〉は主な担当
・人名で不明な部分は○○とした。

◎編著者紹介

近藤昭二（こんどう しょうじ）

　1941年名古屋生まれ。ジャーナリスト・シナリオライター・ディレクター。

　1995年TBS社会情報局「スーパーワイド」の構成担当からテレビ朝日報道局特報部「ザ・スクープ」のディレクターに転身、ノンフィクションを扱うこととなる。

　府中3億円事件、永山則夫事件、連合赤軍事件、よど号ハイジャック、徳島ラジオ商再審事件、イエスの方舟、グリコ・森永事件、ロス疑惑、オウム・サリン事件、在日慰安婦訴訟、酒鬼薔薇聖斗事件、和歌山毒物カレー事件など1960年代後半以降、重大事件のほとんどを現場で取材。フリーとなって以後は「NHKスペシャル」など各局の制作に参加。

　戦争犯罪・細菌戦の研究専門家でもあり、東京地裁の細菌戦被害訴訟に隠蔽問題の鑑定証人として鑑定書を提出、2001年1月に証言台にも立った。

　2011年、これまでに蒐集・保存してきた文書資料や証言記録をもとに、「NPO法人731細菌戦資料センター」を立ち上げ、歴史事実の広報、中国の被害者支援につとめている。

　中国・南京師範大学（南京）、山東大学（済南）、中国伝播大学（北京）で講師。著・訳・編書も多い。

真相　731部隊
〔シリーズ第2号〕

2024年7月12日　初版第1刷発行

編著者：近藤昭二

発行所：NPO法人 731部隊・細菌戦資料センター
共同代表　近藤昭二、奈須重雄、王選
（連絡先）東京都港区西新橋1-21-5　一瀬法律事務所
tel.03-3501-5558／mail: info@ichinoselaw.com

発売元：株式会社 社会評論社
東京都文京区本郷2-3-10
tel.03-3814-3861　Fax.03-3818-2808
http://www.shahyo.com

組版装幀：Luna エディット .LLC
印刷製本：株式会社 ウイル・コーポレーション